中华人民共和国行业推荐性标准

排水沥青路面设计与施工技术规范

Technical Specifications for Design and Construction of Porous Asphalt Pavement

JTG/T 3350-03—2020

主编单位：交通运输部公路科学研究院
批准部门：中华人民共和国交通运输部
实施日期：2020 年 09 月 01 日

人民交通出版社股份有限公司
北 京

律师声明

本书所有文字、数据、图像、版式设计、插图等均受中华人民共和国宪法和著作权法保护。未经人民交通出版社股份有限公司同意，任何单位、组织、个人不得以任何方式对本作品进行全部或局部的复制、转载、出版或变相出版。

本书扉页前加印有人民交通出版社股份有限公司专用防伪纸。任何侵犯本书权益的行为，人民交通出版社股份有限公司将依法追究其法律责任。

有奖举报电话：(010) 85285150

北京市星河律师事务所
2020 年 6 月 30 日

图书在版编目 (CIP) 数据

排水沥青路面设计与施工技术规范：JTG/T 3350-03—2020 / 交通运输部公路科学研究院主编. — 北京：人民交通出版社股份有限公司，2020.7
ISBN 978-7-114-16651-8

Ⅰ.①排⋯ Ⅱ.①交⋯ Ⅲ.①沥青路面—路面排水—路面设计—技术规范—中国②沥青路面—路面排水—路面施工—技术规范—中国 Ⅳ.①U416.217-65

中国版本图书馆 CIP 数据核字(2020)第 105949 号

标准类型：中华人民共和国行业推荐性标准
标准名称：排水沥青路面设计与施工技术规范
标准编号：JTG/T 3350-03—2020
主编单位：交通运输部公路科学研究院
责任编辑：丁　遥
责任校对：刘　芹
责任印制：刘高彤
出版发行：人民交通出版社股份有限公司
地　　址：(100011) 北京市朝阳区安定门外外馆斜街 3 号
网　　址：http://www.ccpcl.com.cn
销售电话：(010) 59757973
总 经 销：人民交通出版社股份有限公司发行部
经　　销：各地新华书店
印　　刷：北京市密东印刷有限公司
开　　本：880×1230　1/16
印　　张：4.25
字　　数：96 千
版　　次：2020 年 7 月　第 1 版
印　　次：2020 年 12 月　第 2 次印刷
书　　号：ISBN 978-7-114-16651-8
定　　价：50.00 元
(有印刷、装订质量问题的图书，由本公司负责调换)

中华人民共和国交通运输部
公 告

第 36 号

交通运输部关于发布《排水沥青路面设计与施工技术规范》的公告

现发布《排水沥青路面设计与施工技术规范》(JTG/T 3350-03—2020),作为公路工程行业推荐性标准,自 2020 年 9 月 1 日起施行。

该标准的管理权和解释权归交通运输部,日常管理和解释工作由主编单位交通运输部公路科学研究院负责。

请各有关单位注意在实践中总结经验,及时将发现的问题和修改建议函告交通运输部公路科学研究院(地址:北京市海淀区西土城路 8 号,邮政编码:100088),以便修订时研用。

特此公告。

中华人民共和国交通运输部
2020 年 6 月 2 日

前 言

根据交通运输部办公厅《关于下达2014年度公路工程标准制修订项目计划的通知》（厅公路字〔2014〕87号）的要求，由交通运输部公路科学研究院作为主编单位，承担《排水沥青路面设计与施工技术规范》（JTG/T 3350-03—2020）（以下简称"本规范"）的制定工作。

排水沥青路面具有排水、抗滑、降噪等良好的服务功能，在许多国家广泛使用甚至强制使用，部分国家还颁布了专门的排水沥青路面技术规范。我国排水沥青路面经历了十多年的研究和工程实践，近年来应用需求迅速增加。基于成熟、可靠、先进、实用的原则，本规范全面吸收了国内外排水沥青路面的最新研究成果，在借鉴和总结国内排水沥青路面设计和施工等工程实践经验的基础上编制而成。

本规范主要内容包括排水沥青路面结构设计、排水系统及附属设施设计、排水沥青路面材料及配合比设计、排水沥青路面施工及质量管理、检查验收等，共9章和4个附录。

本规范由曹东伟编写第1、2、3章并统稿，吴赞平编写第5章，李明亮编写第7章，何兆益编写第4章，范勇军编写第6章，梁军林编写第9章，赵明方编写第8章，许斌编写附录。

请各有关单位在执行过程中，将发现的问题和意见，函告本规范日常管理组，联系人：曹东伟（地址：北京市海淀区西土城路8号，邮政编码：100088；电话：010-62079879，电子邮箱：dw.cao@rioh.cn），以便今后修订时参考。

主 编 单 位：交通运输部公路科学研究院
参 编 单 位：江苏交通控股有限公司
　　　　　　　广西交通工程质量安全监督站
　　　　　　　重庆交通大学
　　　　　　　四川省交通运输厅交通勘察设计研究院

主　　　编：曹东伟
主要参编人员：吴赞平　李明亮　何兆益　范勇军　梁军林　赵明方
　　　　　　　许　斌

主　　　　审：郑健龙
参与审查人员：于　光　周进川　张肖宁　周绪利　王　林　黄晓明
　　　　　　　侯　芸　周卫峰　李彦伟　廖卫东　刘　硕　刘元炜

参　加　人　员：游　宏　茅　荃　平树江　刘清泉　赵立东　唐国奇
　　　　　　　周永军　杨胜坚

目　次

1 总则 … 1
2 术语和符号 … 3
　2.1 术语 … 3
　2.2 符号 … 6
3 结构设计 … 7
　3.1 一般规定 … 7
　3.2 结构组合 … 8
　3.3 防水黏结层 … 9
　3.4 旧路改造的排水沥青路面设计 … 10
4 排水系统及附属设施设计 … 12
　4.1 一般规定 … 12
　4.2 排水沥青路面边缘排水系统典型结构 … 12
　4.3 超高路段排水设计 … 14
　4.4 多车道、陡坡等大径流路面排水设计 … 14
　4.5 桥面排水设计 … 16
　4.6 排水沥青路面标线设计 … 16
5 材料 … 18
　5.1 一般规定 … 18
　5.2 沥青 … 18
　5.3 粗集料 … 21
　5.4 细集料 … 22
　5.5 填料 … 23
　5.6 纤维稳定剂 … 24
　5.7 防水黏结层材料 … 25
　5.8 双层排水沥青路面层间结合材料 … 26
6 排水沥青混合料配合比设计 … 27
　6.1 一般规定 … 27
　6.2 排水沥青混合料技术要求 … 27
　6.3 目标配合比设计 … 30
　6.4 生产配合比设计 … 32
　6.5 生产配合比验证 … 33

7 排水沥青路面施工 34
7.1 一般规定 34
7.2 施工准备 34
7.3 防水黏结层的施工 35
7.4 混合料的拌制 35
7.5 混合料的运输 36
7.6 混合料的摊铺 36
7.7 混合料的压实及成型 37
7.8 双层排水沥青路面施工 38
7.9 接缝 38
7.10 交通控制 39
7.11 透水标线施工 39

8 施工质量管理与检查 41
8.1 一般规定 41
8.2 施工前的材料与设备检查 41
8.3 施工过程中的质量管理与检查 43

9 交工检查与验收 49
9.1 一般规定 49
9.2 交工阶段排水沥青路面的质量检查与验收 49
9.3 交工阶段标线的质量检查与验收 50

附录 A 高黏度添加剂改性沥青的室内制备方法 51
附录 B 排水沥青混合料真空塑封密度试验方法 52
附录 C 排水沥青混合料透水系数试验方法 55
附录 D 排水沥青路面渗水系数测定方法 57
本规范用词用语说明 59

1 总则

1.0.1 为规范排水沥青路面设计和施工，保证路面质量，提高工程耐久性，制定本规范。

条文说明

排水沥青路面具有优良的服务功能，如抗滑性能好、雨天安全性能高、噪声低、行车舒适等，在国外有"顶级功能型路面"的称号，在许多国家广泛使用甚至强制使用，我国许多地区也具有使用需求。这种路面技术对设计、施工和质量检验等环节的要求较高，日本、美国及西欧部分国家为了指导排水沥青路面修建，分别颁布了专门的排水沥青路面技术规范。

国外排水沥青路面的技术和应用经验比较成熟，日本、荷兰等国家的高速公路网排水沥青路面应用率在80%以上。我国研究和应用排水沥青路面主要在2000年以后，以交通运输部西部交通建设科技项目"山区公路沥青面层排水技术的研究"为代表，对排水沥青路面功能、结构、材料、设计、施工、重载适应性等进行了全面、深入的研究。随后排水沥青路面在江苏盐通高速公路、西安机场高速公路等十几个工程项目中应用，有的项目还开展了10年的长期性能观测。尽管如此，排水沥青路面在我国还是一种新的路面类型，许多工程参建单位缺少经验。本规范全面吸收了国内外排水沥青路面的最新研究成果，在借鉴和总结国内排水沥青路面设计和施工等工程实践经验的基础上编制而成。

1.0.2 排水沥青路面适用于年平均降雨量大于600mm的地区，以及对路面排水或降低噪声等有特殊需求的高速公路、控制出入条件好的其他等级公路。

条文说明

根据我国部分工程应用效果调研，排水沥青路面除了适用于年平均降雨量大于800mm的地区，在西安、北京、河北等湿润区也有较好的应用效果，而且其中部分地区也有降低交通噪声的需求。因此，在本规范中将排水沥青路面的适用范围定为年平均降雨量大于600mm的地区。高速公路和城市快速干道使用排水沥青路面，由于快速行驶车辆对空隙的自清洁功能，可以减少和抑制排水沥青路面的空隙堵塞，使得排水等服务功能长时间维持；而对于其他等级公路等使用场合，要综合考虑污染物堵塞空隙等影响因素后慎重选用。本规范中规定的技术要求主要针对高速公路排水沥青路面，其他等级公路和城市快速路可参考使用。在欧洲，尤其是荷兰等地，使用排水沥青路面的首要目的是降低道路交通噪声，而在我国东部地区，尤其是城市主干路、城市快速路等路段也有降噪需求，因此，本规范也适用于实现降低噪声、雨水收集等铺筑排水沥青路面的区域。

1.0.3 修建排水沥青路面应做到精心设计、认真施工、严格管理。

条文说明

排水沥青路面的耐久性对设计方案和施工工艺非常敏感，设计和施工的质量决定着工程的成败。国内外大量工程实践表明，在良好的设计指导和施工控制条件下，排水沥青路面的寿命可以达到10年以上；当设计、施工控制不当时，路面则可能出现早期病害，从而带来经济损失和交通安全问题。因此，修建排水沥青路面要做到精心设计、认真施工、严格管理。

1.0.4 排水沥青路面设计与施工除应符合本规范的规定外，尚应符合国家和行业现行有关标准的规定。

条文说明

应用本规范时，要注意处理好本规范与现行行业标准规范的关系，特别是现行《公路沥青路面设计规范》（JTG D50）、《公路沥青路面施工技术规范》（JTG F40）和《公路工程质量检验评定标准 第一册 土建工程》（JTG F80/1）。

2　术语和符号

2.1　术语

2.1.1　排水沥青路面　porous asphalt pavement

表面层由空隙率18%以上的沥青混合料铺筑，路表水可渗入路面内部并横向排出的沥青路面类型，又称多空隙沥青路面。

条文说明

排水沥青路面在欧洲通常称为多孔沥青路面（Porous Asphalt Pavement），即空隙率在18%以上，厚度一般为4~5cm的路面表层。由于其多空隙结构特征，降雨情况下雨水渗入路面内部并横向排出，从而消除严重影响行车安全的路表水膜，并具有降低交通噪声等特征。这种路面在雨天具有突出的排水和抗滑性能，因此又被称为排水沥青路面。在欧洲，使用这种路面的首要目的往往是降低道路交通噪声，也常被称为低噪声路面（Noise Reducing Pavement）。在我国，更加注重这种路面的排水功能，即通过快速、有效消除路面雨水径流来提高雨天行车安全，因此在我国多称为排水沥青路面，本规范也采用这一术语。

开级配沥青磨耗层（OGFC）是采用间断级配的混合料铺筑的高抗滑阻力的表层，空隙率一般为12%~15%，厚度一般为19~25mm，不仅抗滑性能好，同时具有降噪、减少水漂、水溅、水雾、眩光等作用。由美国在20世纪60年代研发，1973年以后开始推广，美国联邦公路管理局（FHWA）于1990年制定了"开级配沥青磨耗层（OGFC）混合料设计方法"。OGFC与排水沥青路面采用的都是开级配沥青混合料，但OGFC的空隙率一般为12%~15%，厚度一般为19~25mm，最大公称粒径为9.5mm，结构设计时不考虑强度贡献，仅作为磨耗层。OGFC主要通过良好的抗滑性能提高路面行驶安全性，而并不具备充分的排水性能。因此OGFC和排水沥青路面的概念和功能特点并不完全相同。20世纪末，美国的佐治亚州等地区对传统OGFC技术进行了改进，主要是借鉴吸收了欧洲排水沥青路面（PEM）的技术特点和长处，开发了新一代的OGFC，并在本州的高速公路强制使用，使得这两种技术更加接近和融合。

在我国有时还称排水沥青路面为"透水路面"，但近年来随着"海绵城市"等建设的推进，"透水路面"这一术语已与"排水路面"逐渐区别开来。现在"透水路面"往往是指雨水可以从面层渗透到基层和路基，或者在构造上具有暂时储存雨水的功能型路面，雨水通过路基渗入地下或通过埋设的排水设施排出路外，也即"全透式"路面。透水路面有沥青类路面、水泥类路面、复合类路面、铺块类路面等形式。日本从1973年起主要在大城市的人行道上使用透水路面，并逐渐扩展到用于停车场和行车道；我国河北省也有多孔混凝土作为基层的透水路面的研究和应用。在本规范中，排水沥青路面通常是指表面层排水的沥青路面类型，不包括基层透水甚至路基也透水的全透水路面结构类型。

2.1.2 沥青路面排水功能层　porous asphalt course

由空隙率在18%以上的沥青混合料组成，可提供排水、抗滑和降低噪声等服务功能的沥青路面结构层。

条文说明

我国高速公路沥青面层通常由上面层、中面层、下面层三层构成。与密级配沥青路面结构不同的是，排水沥青路面的上面层是由多空隙沥青混合料组成的排水功能层，而上面层和中面层之间要设置防水黏结层。

2.1.3 排水沥青混合料　porous asphalt mixture

压实后空隙率在18%以上，能够在混合料内部形成排水通道的沥青混合料。它是一种以单一粒径碎石为主、按照嵌挤机理形成的具有骨架-空隙结构的开级配沥青混合料，又称多空隙沥青混合料。

2.1.4 双层排水沥青路面　two-layer porous asphalt pavement

排水功能层由上、下两层排水沥青混合料铺筑而成的路面。通常上层较薄，公称最大粒径较小；下层较厚，公称最大粒径较大。

条文说明

荷兰在20世纪90年代开始研究双层排水沥青路面，双层排水沥青路面最初的研发目的是针对空隙堵塞问题，上层采用细粒径排水沥青混合料，具有过滤大颗粒杂质的作用，进入孔隙内的细粒尘土，由于下层空隙体积较大，能够被水自然冲出。双层排水沥青路面具有更好的降噪效果，与密级配路面相比，一般能降低轮胎/路面噪声4~6dB。但要注意细粒径排水沥青层更容易发生飞散等病害，需要加强耐久性设计。荷兰Heijmans建筑工程公司在1990年修筑了第一条双层排水降噪路面试验段。在荷兰等欧洲国家，双层排水沥青路面目前主要应用于对降噪有特殊要求的路段。本规范主编单位与其他单位共同研究，在我国四川省遂资高速公路和江苏省宁宿徐高速公路修筑了双层排水沥青路面试验段。

2.1.5 开级配沥青磨耗层 open-graded friction course

采用空隙率为12%~15%的开级配沥青混合料铺筑而成，厚度为19~25mm的沥青路面罩面薄层，简称OGFC。

2.1.6 高黏度添加剂 high viscosity additive

以高分子聚合物为主要成分，以增强沥青绝对黏度、增强沥青与集料之间的黏结性能为目的，经过一定工艺合成并制备成为均匀颗粒状的改性材料。

条文说明

排水沥青混合料生产工艺主要有两种：一种是传统的预混式改性，即将成品高黏度改性沥青直接注入集料中拌和生产排水沥青混合料，也称为"湿法"工艺；另一种是直投式改性，是指先将高黏度添加剂与集料干拌，后注入沥青湿拌生产排水沥青混合料，也称为"干法"工艺。

2.1.7 高黏度改性沥青 high viscosity asphalt

通过掺加高分子材料制备，具有较高动力黏度，满足排水沥青混合料强度、抗飞散、抗水损害等性能技术要求的改性沥青。

条文说明

日本的《排水性铺装技术指针（案）》（1996）中要求高黏度改性沥青的60℃动力黏度不小于20 000 Pa·s。我国近年来排水沥青路面工程要求的60℃动力黏度一般为不小于50 000 Pa·s，同时也根据工程情况和耐久性的要求做出相应的调整或提高。

2.1.8 防水黏结层 waterproof and bonding layer

为防止雨水从排水功能层下渗到其他结构层造成路面破坏，以及提高排水功能层和下承层之间的黏结强度而设的材料层。

2.1.9 飞散 raveling

排水沥青混合料在荷载作用下，表面集料脱落、掉粒损失的病害，通常用集料脱落、掉粒的质量与沥青混合料总质量的比值表示。

条文说明

排水沥青路面由于采用多空隙沥青混合料，空隙率能达18%以上，最直接体现为集料颗粒间的接触面积比较小，在同等荷载条件下，集料颗粒间的接触力显著增大，容易导致集料松散，发生飞散等病害。因此，飞散是排水沥青路面的主要病害。

2.1.10 析漏 draindown

高温状态下沥青或沥青砂浆从排水沥青混合料中析出的现象,通常以析出的质量与混合料总质量的比值表示。

2.1.11 透水系数 permeation coefficient

在常水头压力下,单位时间内透过规定面积的水流的速度,以 cm/s 计。

2.1.12 渗水系数 permeability coefficient

在规定的初始水头压力下,单位时间内渗入排水沥青路面规定面积的水的体积,以 mL/min 计。

2.2 符号

PAC——沥青路面排水功能层;
PA——排水沥青混合料;
AC——密级配沥青混凝土;
OGFC——开级配沥青磨耗层;
C_{rw}——透水系数;
C_{mw}——渗水系数。

3 结构设计

3.1 一般规定

3.1.1 排水沥青路面结构的设计流程、厚度计算、结构验算及模量和强度等设计参数的确定应符合现行《公路沥青路面设计规范》(JTG D50)的规定。

条文说明

排水沥青路面与密级配沥青路面最大的不同在于其功能性,而在路面结构设计方面基本是相同的。日本的《排水性铺装技术指针(案)》(1996)规定,排水沥青路面的结构设计按照《沥青铺装纲要》所示的 TA 法进行。排水功能层的当量厚度系数取为 1.0,即与通常的沥青路面结构具有同等的荷载扩散性及抗疲劳性。排水沥青混合料的 15℃回弹模量为 700~1 800MPa,20℃回弹模量为 600~1 600MPa,加载频率 10Hz 条件下的 20℃动态模量为 6 000~9 000MPa。由于目前测试数据较少,建议按照规定试验方法通过实测确定。

3.1.2 对于新建与改建高速公路,排水沥青路面结构设计使用年限宜不低于 15 年,其间可进行一次排水功能层修复。排水沥青路面结构设计宜进行全寿命周期成本分析。

条文说明

《公路沥青路面设计规范》(JTG D50—2017)规定高速公路沥青路面设计使用年限不宜低于 15 年,美国、西欧发达国家规定的设计年限普遍在 20 年以上。近 10 年来,欧美发达国家加强了对长寿命沥青路面技术的研究,认为全寿命周期成本是最合理的,我国也在积极研究。随着科技的进步和发展,路面结构设计年限的要求需要提高。因此,本条建议排水沥青路面的结构设计使用年限宜适当提高至不低于 15 年。

《公路沥青路面设计规范》(JTG D50—2017)规定"在设计使用年限内,路面应不发生由于疲劳导致的结构破坏,面层可进行表面功能修复。"从工程实践来看,我国江苏盐通高速公路排水沥青路面已使用 12 年以上,广西南友高速公路排水沥青路面等也使用了 10 年以上,排水功能层和路面结构性能基本保持完好,预期的耐久性可以保证。因此,本规范规定排水沥青路面在结构设计使用年限内可进行一次排水功能层修复。设计文件不仅要进行全寿命周期成本分析比较，同时要对设计使用年限末的路面病害和性能进行预估，并提出大中修建议方案。

3.1.3 排水沥青路面可包括单层排水沥青路面和双层排水沥青路面。双层排水沥青路面宜用于对排水、降噪功能有较高要求的情况。

3.1.4 在冷接缝和其他易发生飞散病害的路段，应采取喷洒渗透性树脂等增强抗飞散能力的技术措施。

条文说明

易飞散的路段包括纵向坡度较大路段，互通或隧道、服务区出入口，道路交叉口位置等。

渗透性树脂（Pervious Resin）是具有一定流动性，喷洒或刮涂在排水沥青表面，渗入到空隙内并快速凝结的养护材料，起到增补沥青膜厚度、修复结合料裂缝和加强骨架-空隙结构强度的作用。日本采用渗透性树脂作为排水沥青路面的预防性养护材料，在我国渗透性树脂也用于排水沥青路面修筑过程中路面薄弱部位的补强。

3.2 结构组合

3.2.1 排水沥青路面结构层应包括沥青面层、基层、底基层等层次。面层宜由排水功能层、防水黏结层和下承层组成。下承层应密实防水，并具有较强的抗车辙性能。

条文说明

排水沥青路面结构层次与常规密级配沥青路面基本相同，不同之处在于表层为多空隙沥青混合料排水功能层，在排水功能层与下承层之间设置了防水黏结层，下承层指排水功能层以下的密级配沥青面层结构。另外，下承层具备较高的抗车辙能力，一般要求排水功能层接触的下承层沥青混合料动稳定度大于3 000次/mm，并具有较强的防水效果。

3.2.2 排水沥青路面采用半刚性基层时，宜采取减少基层横向裂缝的技术措施；排水沥青路面也可采用级配碎石等柔性基层。

条文说明

基层是主要的承重层，半刚性基层在我国高等级公路中得到了普遍应用，但其缺点是横向开裂及其反射裂缝，国内对于该问题采取了许多技术对策。《公路沥青路面设计规范》（JTG D50—2017）提出了减少横向开裂的部分技术措施，包括采用骨架密实型级配、控制原材料质量、减少水泥剂量、设置应力吸收层或采用级配碎石倒装结构等。此外，国内工程单位为了提高半刚性基层的抗裂性和整体性，还尝试了采用一次铺筑成型或二层连续施工半刚性基层的成型工艺。上述工程实践表明这些措施效果良好，因此也完全适用于排水沥青路面结构。国外认为半刚性基层的开裂、唧浆等内部缺陷病害和使用末期的疲劳松散等问题不利于路面的长期性能和维修改建。国外对使用柔性基层有着丰富的经验。我国曾经对这两种基层沥青路面结构进行了较多研究、比较和工程实践，而排水沥青路面对这两类基层都可以适用，也可以达到预期的设计年限。

3.2.3 单层排水沥青路面宜采用 PA-13 结构形式，厚度宜为 40~50mm。

条文说明

欧洲的排水沥青路面表面层（即排水功能层）厚度多为 40~50mm；日本的规定类似，但工程实践中 50mm 厚度占绝大多数。美国开级配沥青磨耗层（OGFC）厚度一般为 19~25mm，但 20 世纪 90 年代后期进行了改进，主要是学习了欧洲的技术路线，进行了增厚，厚度为 30~40mm。我国高速公路沥青上面层的厚度通常为 40mm，因此工程实践中的排水功能层厚度也多为 40mm，结构形式以 PA-13 为主。PA-16 的厚度推荐为 40~50mm，PA-20 为 50~60mm。同时，排水沥青路面表面层厚度要根据排水能力和容水能力确定，即考虑空隙率、降雨历时、降雨强度、路面横坡和纵坡以及排水径流长度等因素。

3.2.4 双层排水沥青路面结构的排水功能层宜由较小粒径排水沥青混合料上层和较大粒径排水沥青混合料下层组成。上层与下层常用组合宜为 PA-5/PA-13、PA-10/PA-16 和 PA-13/PA-20。

3.2.5 对于双层排水沥青路面，上层厚度宜为 20~40mm，下层厚度宜为 35~60mm。

条文说明

双层排水沥青路面主要参考了荷兰、比利时、丹麦和法国的研究和工程经验。国外双层排水沥青路面多采用双层摊铺机铺筑，也可以逐层施工，但层间黏结技术措施要适当增强。

3.3 防水黏结层

3.3.1 在排水沥青路面表面排水功能层和下承层之间应设置防水黏结层。

条文说明

设置防水黏结层的作用有以下两个方面：第一，增强排水功能层与下承层之间的黏结强度，因为排水沥青混合料与下承层表面的接触面积比减小，比密级配沥青混合料间接触面积减少15%~25%；第二，防止路表水渗透至中、下面层和基层而发生水损坏。美国早期OGFC曾发生过较多的下承层混合料水损坏的问题。此外，我国目前路面结构多为半刚性基层沥青路面，目前许多减少基层横向开裂的技术措施取得了良好的效果，再加上防水黏结层较好的延伸性，可以进一步防止和控制裂缝处的渗水问题。从应用防水黏结层的目的和实现的功能来看，其技术要求明显高于我国现行规范中有关黏层的技术规定。

3.3.2 新建公路防水黏结层可采用改性乳化沥青类材料或热洒改性沥青类材料。重载交通和旧路改造工程的防水黏结层宜采用热洒改性沥青类材料。

条文说明

日本的《排水性铺装技术指针（案）》(1996) 中防水黏结层规定采用橡胶改性乳化沥青，即SBR改性乳化沥青，洒布量一般以 $0.4~0.6kg/m^2$ 为标准。根据我国经验，新建公路防水黏结层一般采用SBS或SBR改性乳化沥青；对于重载交通和旧路改造工程的防水黏结层，采用橡胶改性沥青或SBS改性沥青，其技术性能更好，工程实践中表现出很好的防水黏结效果。

3.3.3 改性乳化沥青类防水黏结层洒布量宜控制在 $0.3~0.6kg/m^2$（以纯沥青计）。防水黏结层材料洒布量要求较大时，可通过多次洒布满足要求。

3.3.4 热洒改性沥青类防水黏结层洒布量宜控制在 $1.5~1.8kg/m^2$，并撒布一定数量的碎石或预裹覆沥青碎石。撒布碎石规格宜为3~5mm或5~10mm，覆盖率宜大于50%；也可使用预裹覆沥青碎石，预裹覆沥青用量宜为0.2%~0.6%。

3.4 旧路改造的排水沥青路面设计

3.4.1 旧路改造中采取排水沥青路面技术方案时，应开展旧路面病害调查、状况评估和原因分析，包括调查旧路面排水系统、路面裂缝和渗水性能，评估旧路面承载能力和材料的抗永久变形性能。

条文说明

旧路改造中，结构设计要充分考虑旧路面的各结构层损伤，并通过现场检测，分析承载能力是否满足后期运营要求。一般采用落锤式弯沉仪（FWD）检测和预估各层混合料模量，计算排水沥青路面罩面是否满足现行设计规范相关要求。另外，日本也采用旧路混合料芯样进行室内加速加载试验和动态蠕变试验等，检测和评价路面模量或预估旧路剩余使用寿命。目前，我国也开展了利用车辙试验仪进行连续加载试验的应用。考虑到设计阶段不可能进行旧路的全面调查和测试评价，对施工期间评价发现的整体强度不足路段要进行动态设计和调整，根据路面破损程度确定挖除深度、范围以及加铺补强层的结构与厚度。

3.4.2 应根据旧路面损坏类型和损坏程度进行处治方案的设计。对网裂、龟裂、中度裂缝、重度裂缝等病害，必须铣刨并清除干净，然后重新铺筑路面；对轻度裂缝，可进行灌缝。对于车辙病害严重的路面，宜采用铣刨旧路面的方式进行处理，应根据车辙深度决定铣刨深度；对于轻度车辙路面，可直接加铺排水沥青路面。

3.4.3 旧路改造中，排水沥青路面的结构组合应按本规范新建排水沥青路面相关规定进行设计。

3.4.4 对于旧路改造工程不中断交通的情况，应结合施工期间的交通组织疏导措施，开展排水沥青路面纵向冷接缝及表面处治等方案的设计。

条文说明

　　我国高速公路大中修和改建工程通常不能中断交通，应用排水沥青路面技术方案时有许多要注意的问题和优化调整的技术措施，如快速开放交通、施工次序优化、纵向冷接缝的处理、材料设计方案优化等。对于快速开放交通的情况，可以采用表面强化材料进行处治。

4 排水系统及附属设施设计

4.1 一般规定

4.1.1 排水沥青路面的路面排水系统应由排水功能层和边缘排水设施组成。

条文说明

排水沥青路面的路面排水系统与密级配沥青路面不同，在降雨条件下，雨水先进入排水功能层，再沿防水黏结层横向进入路侧边缘排水设施。为防止水在排水功能层中滞留，造成下承层水损害，要保证下承层的横坡平顺和防水黏结层的防水效果。

4.1.2 边缘排水形式可根据排水需要、路侧安全与景观协调、施工条件等因素选定，横断面尺寸宜根据工程经验或经水力水文计算确定，水文与水力计算可参考现行《公路排水设计规范》（JTG/T D33）的规定。

4.1.3 在旧路改造中采用排水沥青路面结构时，应处理好与旧路排水系统的衔接，包括桥面铺装厚度、伸缩缝高度、泄水孔位置及孔口高程。

4.2 排水沥青路面边缘排水系统典型结构

4.2.1 排水沥青路面边缘排水系统可采用散排、明沟排水、暗沟排水和盲沟排水等形式。

4.2.2 明沟排水的断面可选用矩形、三角形、梯形、浅碟形、U形、L形等形式，常用断面典型结构如图4.2.2所示。

4.2.3 暗沟排水断面宜采用矩形，常用断面典型结构如图4.2.3所示。

4.2.4 暗沟透水盖板宜采用钢筋混凝土盖板，盖板厚度、配筋及混凝土材料强度指标应符合现行《公路钢筋混凝土及预应力混凝土桥涵设计规范》（JTG 3362）的规定。

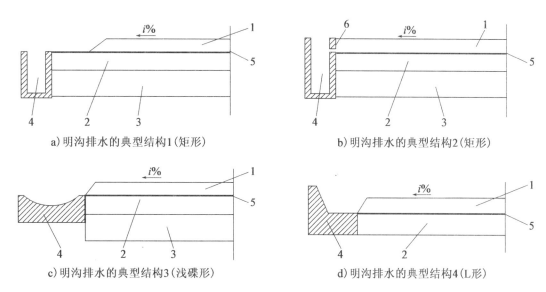

图 4.2.2 边缘排水系统明沟排水常用断面典型结构
1-排水功能层；2-下承层；3-基层；4-排水沟；5-防水黏结层；6-泄水孔

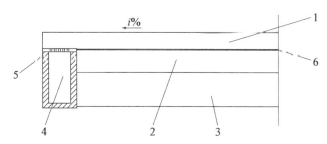

图 4.2.3 边缘排水系统暗沟排水常用断面典型结构
1-排水功能层；2-下承层；3-基层；4-排水沟；5-透水盖板；6-防水黏结层

4.2.5 在降雨量较小地区可选用盲沟排水，采用盲沟排水的常用断面典型结构如图 4.2.5 所示。

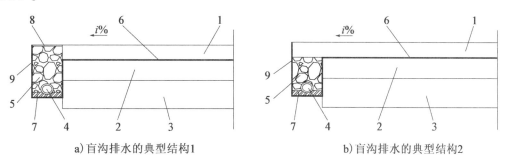

图 4.2.5 边缘排水系统盲沟排水常用断面典型结构
1-排水功能层；2-下承层；3-基层；4-透水导水管；5-碎石；6-防水黏结层；
7-水泥砂浆；8-沥青表面处治；9-防水土工布

4.2.6 导水管宜选用带孔聚氯乙烯（PVC）、聚乙烯（PE）塑料管或混凝土管等。盲沟排水结构中的碎石也可采用透水水泥混凝土等透水材料取代。

4.3 超高路段排水设计

4.3.1 超高路段的路面排水，宜在靠近中央分隔带路侧设置集水沟，每隔一定间距设置一处集水井，并通过横向排水管将水排出。

4.3.2 纵向集水沟可采用有盖板的预制整体式混凝土沟、缝隙式集水沟或浅碟形沟等形式。

4.3.3 集水井的形式、数量和间距应根据超高路段的外侧半幅路面汇水面积、流量及出水口的泄流能力确定，集水井的间距宜为20~50m。

4.4 多车道、陡坡等大径流路面排水设计

4.4.1 多车道排水沥青路面的设计横坡可较双向四车道排水沥青路面横坡增大0.5个百分点。

条文说明

我国《公路工程技术标准》（JTG B01—2014）中，规定高速公路和一级公路车道数不少于双向四车道。在排水沥青路面排水设计时，多车道是指双向六车道以上（含六车道）的情况。

4.4.2 对于多车道路面和长陡坡路段等可能产生大径流的情况，应验算饱和入渗强度、临界水膜厚度及轮迹带水膜厚度。当轮迹带水膜厚度大于临界水膜厚度时，应通过适当增大排水路面横坡度、调整表面排水功能层厚度或采用双层排水路面结构等方式提高路面的排水能力。饱和入渗强度、临界水膜厚度及轮迹带水膜厚度，应分别按式（4.4.2-1）~式（4.4.2-3）进行计算：

$$W_{饱} = \frac{hC_{rw}\sqrt{i_z^2 + i_h^2}}{100L\sqrt{1 + \frac{i_z^2}{i_h^2}}} \quad (4.4.2\text{-}1)$$

$$h_{轮} = 1.3589\left[\frac{(100WL - kh\sqrt{i_z^2 + i_h^2})nl}{(i_z^2 + i_h^2)^{\frac{1}{4}}}\right]^{\frac{3}{5}} \quad (4.4.2\text{-}2)$$

$$h_{临} = 1000\left[\frac{G}{(\sqrt{2}-1)\rho wv^2 r^{\frac{1}{2}}}\right]^2 \quad (4.4.2\text{-}3)$$

式中：$W_{饱}$——路面饱和入渗强度（mm/min）；

$h_{轮}$——轮迹带水膜厚度（mm）；

$h_{临}$——临界水膜厚度（mm）；

C_{rw}——排水沥青混合料透水系数（cm/s）；

h——排水面层（排水功能层）厚度（cm）；

i_z——纵坡坡度（%）；

i_h——横坡坡度（%）；

L——单向路面宽度（m），对于高速公路为半幅路面宽度；

W——降雨强度（cm/s）；

k——渗透系数，常数；

l——最外侧车行道右侧轮迹带距离路面左边缘距离（m）；

n——粗糙系数，经验常数，可在 0.02~0.04 之间取值，排水沥青路面一般取 0.03；

G——车重（N）；

ρ——水的密度（kg/m³）；

w——车胎宽度（m）；

v——车速（m/s）；

r——轮胎半径（m）。

条文说明

当降雨强度大于路面表层饱和渗入强度时，会产生饱和径流，如路面产生饱和径流，按车道右侧轮迹带进行轮迹带水膜厚度估算。当轮迹带水膜厚度大于临界水膜厚度时，说明该路段在降雨强度较大的情况下，车辆在高速行驶时可能会产生"水漂"现象影响行车安全，在多车道、陡坡等可能产生大径流的情况下，对行车安全的影响更为严重。

在日本排水路面设计规范中，对于多车道或长陡坡等可能产生大径流的情况，为防止雨水沿纵向流动使路表面溢水和"水漂"现象发生，在排水表面功能层的下部，使用与表面功能层相同的排水沥青混合料，垂直于道路纵向或与道路纵向成一定角度设置横向排水沟，以提高路面排水能力，如图4-1所示。但此方法在我国尚无工程实例，需在试验研究基础上，经充分论证后采用。

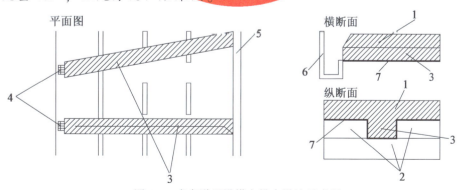

图4-1 多车道埋设横向排水设施示意图

1-排水功能层；2-下承层；3-横向排水沟；4-集水井；5-中央分隔带；6-排水设施；7-防水黏结层

4.5 桥面排水设计

4.5.1 桥面应设置边缘纵向排水侧沟,如图 4.5.1 所示。桥面位于超高段时,在内侧车道边缘处应设置纵向排水侧沟,最小宽度不宜小于 10cm。

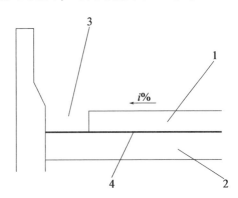

图 4.5.1 桥面纵向排水侧沟典型结构
1-排水功能层;2-下承层或桥面;3-排水侧沟;4-防水黏结层

条文说明

为了提高桥面的排水能力,需要设置排水侧沟。桥面未设置完善的排水系统,降雨渗入后无法及时排除,会对行车安全造成影响,在季冻区还会产生冻害。因此,对桥面排水设计做出要求。在设置的排水侧沟内也可以添加碎石,保证桥面边缘的整体性。

4.5.2 桥面采用排水功能层时,桥面泄水孔孔口高程应与排水功能层下承层顶面高程一致。

4.6 排水沥青路面标线设计

4.6.1 排水沥青路面标线结构可分为点状透水标线、絮状透水标线和普通热熔标线。

条文说明

普通热熔标线不具备透水能力,雨天标线附近的排水沥青路面会产生阻水和壅水,导致路面的溅水和滑溜问题,还会使标线附近产生反光,不利于标线的可视性。透水标线通常在划标线范围内并不满铺标线材料,留有裸露的路面,水能够通过标线内部间隙流过,加强路面整体排水效果。根据透水标线施划在路面的外观形状,分为点状透水标线和絮状透水标线。

4.6.2 中央分隔带的车行道边缘线可采用热熔标线或者透水标线,可跨越同向车行道分界线宜采用絮状透水标线，禁止跨越同向车行道分界线和硬路肩的车行道边缘线宜采用点状透水标线。

条文说明

中央分隔带的车行道边缘线对雨水渗入排水路面的空隙影响较小，且对路面横向排水基本阻碍较小，因此该位置可以采用热熔标线或者透水标线。絮状标线耐磨耗性较强，在车轮摩擦下不容易发生材料脱落，用于车道间的虚线，能有效防止因车辆变换车道对标线的摩擦损坏。相比絮状标线，点状标线形状规整，分布均匀，视觉效果好，由于点状的凸起部位耐磨耗性低于絮状标线，因此用在禁止跨越的实线，受车轮荷载作用较少，且能够起到透水、振动提醒等作用。

4.6.3 透水标线的渗水系数应大于 3 600mL/min，透水标线的逆反射亮度系数应符合现行《公路工程质量检验评定标准 第一册 土建工程》（JTG F80/1）的规定。

5 材料

5.1 一般规定

5.1.1 路面材料应在经过料源调查的基础上选择,宜就地取材;开采时应注意环境保护。

5.1.2 集料宕口应洁净,不含软弱夹层。集料加工宜采用反击破或锤破工艺。粗集料也可采用粒径大于60mm的砾石轧制。

5.1.3 排水沥青路面使用的各种材料运至现场后,必须取样进行质量检验,经评定合格方可使用,不得以供应商提供的检测报告或商检报告代替现场检测。

5.2 沥青

5.2.1 排水沥青路面应采用改性沥青,应符合排水沥青路面的抗飞散性、抗水损害性、高温稳定性、低温抗裂性和耐久性等要求。

条文说明

排水沥青混合料因具有较大的空隙率,与密级配沥青混合料相比较,易受日光、空气、水等的影响。因此要求采用的沥青对集料有耐久的握裹力、较高的黏着力、较强的抗剥落性,并且能以较厚的薄膜包覆集料,从而保证排水沥青混合料的抗飞散性、抗水损害性、高温稳定性、低温抗裂性、抗老化和抗疲劳性等要求。

5.2.2 高速公路排水沥青路面宜采用高黏度改性沥青,其他经过性能验证的沥青类型也可采用。高黏度改性沥青的质量应符合表5.2.2的技术要求。

表5.2.2 高黏度改性沥青技术要求

指 标	单位	技术要求	试验方法
针入度(25℃,100g,5s),不小于	0.1mm	40	T 0604
软化点($T_{R\&B}$),不小于	℃	80	T 0606
延度(5℃,5cm/min),不小于	cm	30	T 0605

续表 5.2.2

指　　标	单位	技术要求	试验方法
溶解度，不小于	%	99	T 0607
布氏黏度（170℃），不大于	Pa·s	3	T 0625
动力黏度（60℃），不小于[a]	Pa·s	50 000	T 0620
黏韧性（25℃），不小于	N·m	25	T 0624
韧性（25℃），不小于	N·m	20	T 0624
弹性恢复（25℃），不小于	%	95	T 0662
储存稳定性离析[c]，48h软化点差，不大于	℃	2.5	T 0661
闪点，不小于	℃	230	T 0611
相对密度（25℃）	—	实测记录	T 0603
RTFOT后残留物[b]			
质量变化，不大于	%	±1.0	T 0609
残留针入度比（25℃），不小于	%	65	T 0604
残留延度（5℃），不小于	cm	20	T 0605

注：[a] 极重、特重、重载交通应适当提高高黏度改性沥青动力黏度，宜为 200 000 Pa·s 以上。
　　[b] 老化试验以 RTFOT 为标准，也可以由 TFOT 代替。
　　[c] 本指标仅适用于成品高黏度改性沥青。

条文说明

（1）国内外大量工程实践表明沥青胶结料的性能对排水沥青路面的质量和耐久性具有决定性的作用。美国早期的 OGFC 中多采用普通沥青，但路用性能较差，因此部分州曾一度禁止使用此种路面。在 1998 年美国国家沥青基础研究中心（NCAT）的调查中，发现使用改性沥青的 OGFC 表现出较好的路用性能。欧洲的排水沥青路面多采用改性沥青，并掺加纤维和抗剥落剂，路面性能总体较好。其中，荷兰采用了较多的 70 号基质沥青。近年来，美国学习欧洲的经验，在新一代的 OGFC 中推广使用改性沥青，亚利桑那等州也将橡胶沥青用作 OGFC 的胶结料，部分生产中添加了矿物纤维或木质素纤维，有效避免了混合料在运输过程中的离析。

日本在研究和应用排水沥青路面的过程中，充分借鉴了欧洲和美国的经验与教训，一开始就使用改性沥青，但由于不适应日本夏季高温环境和交通条件，早期使用普通改性沥青修筑的排水沥青路面施工不久就出现了石料飞散和严重的车辙变形。后来，经过大量研究和实践，研制了适应性更好的高黏度改性沥青，从而使得排水沥青路面在日本迅速得到推广应用。因此，在《排水性铺装技术指针（案）》（1996）中提到"从工程实际来看，出自排水沥青路面的耐久性和功能的持续性的考虑，高黏度改性沥青被较多地使用。"

20 世纪 80、90 年代，我国在上海、河北、黑龙江、广东、浙江等地修筑了一些小规模的排水沥青试验段，但均未获得成功。主要原因有：①当时没有性能优良的改性沥青可用；②我国公路交通重载车辆所占比例较大，并存在超载的车辆，对排水沥青路面的强度要求较高；③我国南方多雨地区气温高，持续时间长，气候条件也有不利影响。

2001年，我国在排水沥青路面的研究和应用中开始采用高黏度改性沥青。2003年，西安机场高速公路采用高黏度改性沥青修筑了一段排水沥青路面，取得了很好的工程效应。2005年，在江苏盐通高速公路上修筑了17km长的排水沥青路面，采用了基质沥青+高黏度改性剂、SBS改性沥青+高黏度改性剂两种改性方式。该路段经过10年的使用，表现出了良好的结构和功能耐久性，这也证明了高黏度改性沥青用于我国排水沥青路面的可行性和适用性。

我国现有工程经验表明，高黏度改性沥青可以提高排水沥青混合料的抗水损坏能力、抗车辙能力和抗飞散损坏，提高路面耐久性，适用于高温气候条件和重载交通条件。

（2）根据日本《排水性铺装技术指针（案）》（1996）和我国科研院所开展的试验，在高黏度改性沥青的黏韧性试验中，普遍存在着试样脱离拉头的问题。因此，黏韧性的大小有时未必能正确地反映高黏度改性沥青的特性，在做比较分析时，对这一问题需充分留意。试验方法的改善将是以后的一个课题，但目前只能采用现行的方法。

5.2.3 制备成品高黏度改性沥青时，应选择与改性剂配伍性良好的基质沥青，基质沥青宜采用A级70号沥青或A级90号沥青。采用直投法拌制排水沥青混合料时，可采用A级70号沥青、A级90号沥青或SBS改性沥青Ⅰ-C级、Ⅰ-D级，同时应检验所用沥青与高黏度改性剂的配伍性。高黏度添加剂改性沥青的室内制备方法见本规范附录A。

5.2.4 高黏度添加剂技术指标应满足表5.2.4的性能要求。若采用其他与表5.2.4中技术指标不同的高黏度添加剂，相应的高黏度改性沥青或高黏度改性沥青混合料应满足本规范质量技术要求规定。

表5.2.4 高黏度添加剂性能指标

指 标	单位	技 术 要 求	试验方法
外观	—	颗粒状、均匀、饱满	JT/T 860.2
单粒颗粒质量，不大于	g	0.03	JT/T 860.2
相对密度	—	0.90~1.00	JT/T 860.2
熔融指数，不小于	g/10min	2.0	JT/T 860.2
灰分，不大于	%	2	JT/T 860.2

条文说明

本条文引自《沥青混合料改性添加剂 第2部分：高黏度添加剂》（JT/T 860.2—2013）。

5.3 粗集料

5.3.1 排水沥青混合料所用粗集料应均匀、洁净、干燥，宜选用高黏附性、高耐磨耗性、高耐破碎性的优质集料，高温不易变质，其质量应符合表 5.3.1 的技术要求。

表 5.3.1 排水沥青混合料用粗集料质量技术要求

试验项目		单位	技术要求		试验方法
软石含量，不大于		%	1.0		T 0320
坚固性，不大于		%	8		T 0314
压碎值，不大于		%	18		T 0316
高温压碎值[a]，不大于		%	23		T 0316
洛杉矶磨耗损失，不大于		%	20		T 0323
磨光值，不小于		PSV	潮湿区	41	T 0321
			湿润区	39	
沥青黏附性，不小于		级	5		T 0654
水洗法＜0.075mm 颗粒含量，不大于		%	1		T 0310
表观相对密度，不小于		—	2.70		T 0304
毛体积相对密度，不小于		—	2.60		T 0304
吸水率[b]，不大于		%	2.0		T 0307
针片状颗粒含量	混合料，不大于	%	12		T 0312
	其中粒径大于 9.5mm，不大于	%	10		T 0312
	其中粒径小于 9.5mm，不大于	%	12		T 0312

注：[a] 将装有试样的压碎值试验仪和压柱一起放入 190℃±2℃ 的烘箱内保温 2h 后，取出试样立即按《公路工程集料试验规程》（JTG E42—2005）中 T 0316—2005 的标准进行试验，测试压碎值，所有试验操作应在 5min 内完成。
[b] 多孔玄武岩的吸水率可放宽到 3.0。

条文说明

（1）排水沥青混合料的粗集料为点接触，若集料中软弱颗粒较多，在施工及车辆荷载作用下易造成集料破碎，使骨架结构受损，引发路面飞散破坏，形成排水沥青路面早期破坏。因此，软石含量技术指标由《公路沥青路面施工技术规范》（JTG F40—2004）中要求的不大于 3% 调整为不大于 1%。

软弱颗粒检测注意不要将针片状颗粒承受面压头下方脱空，当脱空时，颗粒转动 180°，使其受压面颗粒下方不处于脱空状态，防止因试验操作不当出现测试结果不准确现象。

（2）排水沥青混合料与密级配混合料、SMA 混合料相比，粗集料使用量较多，故在本规范中提高了粗集料坚固性、压碎值、洛杉矶磨耗损失的技术要求，从而保证维持排水沥青路面的"骨架-空隙"结构。技术要求提高的范围依据为我国江苏、四川、陕西等省份的排水沥青路面工程经验。在特重载交通情况下，粗集料的压碎值建议适当提高。

（3）在排水沥青混合料拌制过程中，集料的加热温度为185～200℃，一些集料在高温条件下，矿物组成成分会发生变化，导致集料抗压碎性能降低。因此，要检验粗集料的高温压碎值指标。

（4）排水沥青路面由于多空隙结构特征，与密级配路面相比，具有较高的抗滑性能，因此，在本规范中将粗集料的磨光值技术要求适当降低，仍能够保证排水沥青路面的抗滑性能。参考《公路沥青路面施工技术规范》（JTG F40—2004）中的要求，将磨光值指标调整为潮湿区不小于41，湿润区不小于39。采用石灰岩作为排水沥青路面粗集料也将在以后的工程项目中考虑，并推荐将石灰岩用于双层排水路面的下层。

（5）根据国外标准和工程经验，玄武岩长期处在高温阳光照射下，其表面会出现斑点和裂纹，最终导致表层剥离。玄武岩作为排水沥青路面粗集料使用时，如发生表层剥离，则会引起沥青膜从集料脱离、脱落等现象，增大发生脱粒、飞散病害的概率。

德国集料标准中规定要对玄武岩进行光照剥离试验（Sonnenbrand）。该指标的检测参考欧洲标准 EN-1367-3-2001。其方法是将玄武岩做成标准试块，放在蒸馏水中在规定的时间和温度内进行煮熬，玄武岩表面可能产生斑点和像头发丝样的裂纹。煮熬后玄武岩剥离部分不超过原试块重量的1%。同时要对玄武岩的碎石和石屑做强度检验。在使用玄武岩时，本规范建议进行光照剥离试验（Sonnenbrand）检测。

5.3.2 排水沥青路面用粗集料宜采用大型联合碎石机轧制成的碎石，形状接近立方体。

条文说明

大型联合碎石机建议不少于三级，要包括反击破和冲击破。

5.3.3 粗集料通过4.75mm筛孔的质量百分率应控制在10%以下。

条文说明

对于常用的排水沥青混合料 PA-10、PA-13、PA-16，不采用粒径为3～5mm的集料，从而维持排水沥青路面的大空隙结构，因此对4.75mm筛孔通过率进行严格控制。

5.4 细集料

5.4.1 细集料应洁净、干燥、无风化、无杂质，其技术指标应符合表5.4.1的要求。

表 5.4.1 细集料技术要求

试验项目	单位	技术要求	试验方法
表观相对密度，不小于	—	2.60	T 0328
坚固性（>0.3mm 部分），不大于	%	3	T 0340
含泥量（<0.075mm 含量），不大于*	%	3	T 0333
砂当量，不小于	%	60	T 0334
亚甲蓝值，不大于*	g/kg	1.5	T 0349
棱角性（流动时间法），不小于	s	30	T 0345

注：带有*的项目，为天然砂必须检测指标。

条文说明

（1）排水沥青路面细集料采用机制砂或天然砂。细集料要与沥青具有良好的黏结能力，酸性石料破碎的机制砂及与沥青黏结性能较差的天然砂禁止使用。

（2）石屑中易含有粉尘、淤泥、黏土等有害物，扁片含量比例大，强度低，施工性能差，因此，禁止使用石屑作为排水沥青路面的细集料。

（3）排水沥青路面空隙率较大，其细集料要求需要严格。对于细集料的母材或者破碎前的粗集料，要检测压碎值指标，合格后方可采用。

5.4.2 细集料加工过程中应吸尘或水洗，宜采用 10～20mm 规格的粗集料加工。

5.4.3 排水沥青路面细集料的级配组成应符合表 5.4.3 的要求。有条件时宜分成 2～3 档备料。

表 5.4.3 细集料级配范围

公称粒径（mm）	通过各个筛孔（mm）的质量百分率（%）						
	4.75	2.36	1.18	0.60	0.30	0.15	0.075
0～3	100	90～100	60～90	25～60	8～45	0～25	0～10

5.5 填料

5.5.1 填料应采用石灰岩磨细的矿粉，且必须保持干燥、洁净、无风化、无杂质，其技术指标及规格应满足表 5.5.1 的要求。不得采用回收粉或粉煤灰。

表 5.5.1 矿粉技术要求

试验项目	单位	技术要求	试验方法
表观相对密度，不大于	—	2.60	T 0352
含水率，不大于	%	1	T 0103
外观	—	无团粒结块	观察

续表 5.5.1

试验项目		单位	技术要求	试验方法
亲水系数，不小于		—	0.8	T 0353
塑性指数，不大于		%	4.0	T 0354
加热安定性		—	无明显变化	T 0355
粒度范围	<0.60mm	%	100	T 0351
	<0.30mm	%	95~100	
	<0.15mm	%	90~100	
	<0.075mm	%	75~100	

注：试验检测矿粉时，实测塑性指数保留1位小数进行评价。

5.5.2 可使用消石灰或水泥替代部分矿粉以提高混合料抗剥落性，添加量不宜超过矿粉用量的50%。

5.6 纤维稳定剂

5.6.1 重载交通情况下宜使用纤维作为增塑稳定剂材料，可采用聚合物纤维、玄武岩纤维等，其技术指标应分别符合表5.6.1-1和表5.6.1-2的要求。

表 5.6.1-1 聚合物纤维技术要求

试验项目	单位	技术要求	试验方法
耐热性（210℃，2h）	—	体积、颜色无明显变化	JT/T 534
断裂强度，不小于	MPa	500	GB/T 3916
断裂伸长率，不小于	%	15	GB/T 3916
长度	mm	9±1	GB/T 14336
直径	μm	15±5	GB/T 10685

表 5.6.1-2 玄武岩纤维技术要求

试验项目	单位	技术要求	试验方法
耐热性（210℃，2h）	—	体积、颜色无明显变化	JT/T 534
断裂强度，不小于	MPa	2 000	GB/T 7690.3
断裂伸长率，不小于	%	3.1	GB/T 7690.3
长度	mm	9±1	JT/T 776.1

条文说明

排水沥青路面使用纤维稳定剂主要起到吸附沥青增加沥青膜厚度的作用，同时实现加筋、增黏、增韧的效果，改善路面抗飞散性能，提高耐久性。沥青混合料常用的聚合物纤维包括聚酯纤维和聚丙烯腈纤维。聚合物纤维具有较高的断裂伸长率，利用大比表面积黏附沥青，经搅拌形成数量巨大的纤维单丝乱向分布，起到加筋的作用，但要注意高温稳定性。玄武岩纤维以玄武岩为原料，在高温下熔融提炼抽丝而成。与木质素纤维、聚合物纤维相比，玄武岩纤维具有较高的弹性模量和抗拉强度，较好的化学稳定性和热稳定性，但对沥青的吸附作用一般。

5.7 防水黏结层材料

5.7.1 改性乳化沥青防水黏结层材料应符合表5.7.1的技术要求。

表5.7.1 改性乳化沥青技术指标

项　目		单　位	技术要求 PCR[a]	试验方法
破乳速度		—	快裂或中裂	T 0658
粒子电荷		—	阳离子（+）	T 0653
筛上剩余量（1.18mm），不大于		%	0.1	T 0652
与矿料的黏附性，裹覆面积，不小于		—	2/3	T 0654
沥青标准黏度 $C_{25,3}$		s	12~25	T 0621
163℃蒸发残留物	含量，不小于	%	60	T 0651
	针入度（25℃，100g，5s）	0.1mm	50~80	T 0604
	软化点，不低于	℃	55	T 0606
	延度（5℃，5cm/min），不小于	cm	25	T 0605
储存稳定性	1d，不小于	%	1.0	T 0656
	5d，不小于		5.0	
	低温储存稳定性[b]	—	无粗颗粒、无结块	T 0656

注：[a] PCR品种为喷洒工艺使用的乳化沥青品种。
　　[b] 当改性乳化沥青需要在低温冰冻条件储存或使用时，需要检测本指标。

5.7.2 热洒改性沥青类防水黏结层可采用橡胶沥青、SBS改性沥青Ⅰ-C级及Ⅰ-D级。橡胶沥青应符合表5.7.2的技术要求。SBS改性沥青Ⅰ-C级及Ⅰ-D级的技术要求应符合现行《公路沥青路面施工技术规范》（JTG F40）的有关规定。

表5.7.2 防水黏结层橡胶沥青技术要求

项　目	单　位	技术要求	试验方法
针入度（25℃，100g，5s），不小于	0.1mm	25	T 0604
软化点 $T_{R\&B}$，不低于	℃	60	T 0606
布氏黏度（180℃）	Pa·s	2.0~4.0	T 0625
弹性恢复（25℃），不小于	%	70	T 0662
延度（5℃），不小于	cm	5	T 0605

5.8 双层排水沥青路面层间结合材料

5.8.1 双层排水沥青路面层间结合材料宜采用水性环氧改性乳化沥青等特种乳化沥青，用量宜为 0.15～0.3kg/m² （以纯沥青计）。

条文说明

为提高双层排水沥青路面上层、下层间的黏结强度，在不影响双层排水沥青路面排水性能的前提下，在排水沥青路面上层和下层间使用黏层材料。双层排水沥青路面上下两层均为骨架空隙型沥青混合料，两层混合料连接时接触面小。为了增加黏结，若采用常规黏结材料需提高洒布量，但洒布量过大会造成空隙堵塞，因此建议采用黏度较高的特种乳化沥青，在保证降低黏结材料对空隙影响的前提下提高层间黏结强度。

6 排水沥青混合料配合比设计

6.1 一般规定

6.1.1 排水沥青混合料配合比设计时应考虑排水功能和力学性能的平衡，设计空隙率应综合降雨情况、路线坡度以及抗飞散性能等因素确定。

条文说明

排水沥青混合料是一种骨架空隙结构的沥青混合料，如果要提高其排水功能，可能会降低其力学性能；反之，要提高其力学性能，势必会降低其空隙率，影响排水功能，因此在进行排水沥青混合料的配合比设计时，要同时考虑路面表面层的排水功能及力学性能平衡。由于各个地区的降雨情况不同，对排水沥青路面排水功能需要也不同，同样路线坡度尤其是横坡大小也会影响排水功能，再者抗飞散性能与空隙率大小有直接关系，故而在确定其设计空隙率时应综合降雨情况、路线坡度以及抗飞散性能等因素。

与普通沥青混合料配合比设计相比，排水沥青混合料的主要特征为空隙率大，粗集料含量高，以间断级配方式形成石-石嵌挤的"骨架-空隙"结构，采用以往通过马歇尔稳定度试验进行配合比设计的方法难以确定沥青用量。为此，排水沥青混合料配合比设计是以满足空隙率的要求为标准，同时保证混合料的抗飞散性能、高温稳定性和耐久性。有条件时建议调研已有工程的配合比设计和使用情况，并借鉴成功经验进行配合比设计。

6.1.2 排水沥青混合料配合比设计应包括目标配合比设计、生产配合比设计以及生产配合比验证三个阶段。

6.2 排水沥青混合料技术要求

6.2.1 排水沥青混合料应采用马歇尔试验配合比设计方法，沥青混合料技术要求应符合表6.2.1的规定。

表 6.2.1 排水沥青混合料马歇尔试验配合比设计技术要求

试 验 项 目	单位	技 术 要 求		试验方法
马歇尔试件击实次数	次	双面各击实 50 次		T 0702
空隙率[a]	%	18~25		T 0708 体积法
		17~23		附录 B
稳定度，不小于	kN	5.0		T 0709
残留稳定度，不小于	%	85		T 0709
冻融劈裂残留强度比（TSR），不小于	%	80		T 0729
谢伦堡沥青析漏试验的结合料损失，不大于	%	0.8		T 0732
肯塔堡飞散试验的混合料损失，不大于	%	15		T 0733
浸水肯塔堡飞散试验的混合料损失，不大于	%	20		T 0733
车辙试验动稳定度，不小于	次/mm	5 000		T 0719
低温弯曲试验破坏应变，不小于	με	冬寒区	冬冷区及冬温区	T 0715
		2 800	2 500	
透水系数（马歇尔试件），不小于	cm/s	0.20		附录 C
渗水系数（车辙板），不小于	mL/min	5 000		T 0730，附录 D

注：[a] 真空密封法空隙率常用值为18%~20%（体积法为20%~22%），寒冷地区适当降低。体积法检测结果离散性较大，有条件时宜采用真空密封法，条件不允许时也可采用体积法代替。

条文说明

（1）排水沥青混合料的设计一般采用马歇尔试件进行，考虑混合料的空隙和石-石嵌挤结构的实现，采用双面各击实50次。美国和澳大利亚等国也采用旋转压实仪，设计转数为50次。欧洲当前仍以马歇尔试件为主，但也有逐步采用旋转压实仪的趋势。我国目前排水沥青路面的相关研究和应用主要以马歇尔试验为基础，因此本规范也主要规定针对马歇尔试件的指标测试。

（2）《公路沥青路面施工技术规范》（JTG F40—2004）中的OGFC混合料技术要求中规定了析漏值为0.3%，排水沥青路面在严格意义上与OGFC并非同一概念，根据日本经验以及西安机场高速公路、遂资高速公路、盐靖高速公路等工程实践，将该指标技术要求定为不大于0.8%。

（3）飞散及飞散引发的坑槽是排水沥青路面最容易出现的结构性破坏形式。欧洲研究表明，排水沥青路面发生飞散破坏的比重占所有病害类型的75%左右。这种病害的出现会严重影响路面的使用寿命、行车舒适度和安全性，且根据国外经验，一旦局部发生病害，后续的石料飞散会加快，呈现"多米诺效应"。

目前世界各国大多将混合料的飞散损失作为排水沥青路面最重要的性能指标，并通常以飞散损失率保证必要的结合料用量，该用量作为沥青结合料用量的下限。日本及欧美国家一般规定飞散损失率不大于20%（25℃）。我国《公路沥青路面施工技术规范》（JTG F40—2004）中也规定OGFC飞散损失指标要求为小于20%。从保证耐久性角度出发，结合我国现有排水沥青路面工程实践，排水沥青混合料飞散损失率基本都能够达到15%以下，即提高排水沥青路面飞散损失指标是可以实现的。因此，在本规范中规定排水沥青混合料的飞散损失率不大于15%，同时规定浸水肯塔堡飞散试验的混合料损失率不大于20%。

目前世界上大多数国家采用肯塔堡（Cantabro）试验评价排水沥青混合料的抗飞散能力。该试验是混合料内聚作用、抗冲击能力和粗集料嵌锁程度的间接评价方法。近年来，荷兰和丹麦等国提出以旋转表面磨耗试验（Rotating Surface Abrasion）代替肯塔堡试验的建议。该试验采用一个带胶轮的负载钢轮在排水沥青混合料试件板块上来回行走，直接模拟车轮振动、摩擦、扭转作用对排水沥青路面飞散、掉粒的影响。我国科研院所也进行了类似试验方法的研究和开发，包括采用湿轮磨耗的方法及平板磨光测试仪进行飞散损失的测量。由于这些方法尚处于研发阶段，本规范中仍采用肯塔堡试验作为排水沥青混合料飞散损失的评价方法。

（4）抗高温变形能力作为排水沥青混合料的设计指标，在欧美等国家并不常见。在我国和日本则普遍应用动稳定度为指标检测路面的高温稳定性。这是由于相比欧洲，我国和日本的气候和交通荷载条件更为苛刻，因此，需将高温稳定性作为排水沥青混合料重要的设计指标之一。

《公路沥青路面施工技术规范》（JTG F40—2004）规定：一般交通量路段OGFC混合料的动稳定度要求为大于1 500次/mm，重载交通量使用的OGFC混合料的动稳定度要求为大于3 000次/mm；改性沥青SMA动稳定度的要求为大于3 000次/mm。日本高速公路对日交通量大于15 000辆的重载交通路段沥青面层混合料的动稳定度要求为3 000~5 000次/mm。

由于排水沥青混合料用于路面表层，直接承受车辆荷载作用，排水沥青路面需具备足够的高温稳定性。排水沥青路面特有的骨架结构保证其良好的抗车辙性能。我国现有排水沥青混合料的动稳定度基本可以达到5 000次/mm以上。结合日本规范和我国高速公路排水沥青路面应用工程实践，为满足我国南方地区高温、重载的使用需求，将排水沥青混合料动稳定度的技术要求提升为不小于5 000次/mm。对于一般交通路段，排水沥青混合料动稳定度技术要求可以适当降低。

（5）《公路沥青路面施工技术规范》（JTG F40—2004）规定OGFC混合料渗水系数大于3 600mL/min。根据国内外工程经验，路面空隙率为20%左右时，排水沥青路面渗水系数可以达到6 000mL/min以上，且落入路面的泥土、杂质等容易随雨水通过路面空隙排出。如路面初始渗水系数较低，更容易造成空隙堵塞，并影响长期的排水功能。因此，基于我国现有工程检测和室内外试验结果，在本规范中将渗水试验技术要求规定为不小于5 000mL/min。

目前国内外常用的路面渗水仪依靠人工读数和计时，对于排水沥青路面这种渗水系数大、水位下降很快的情况，盛水量筒中的水在3s左右即可全部渗完，使得普通人工判读非常困难，容易造成测量误差。因此，建议采用自动电子渗水仪进行排水沥青路面渗水系数的测试。自动电子渗水仪基于液位传感器自动识别水位、自动计时，根据设计算法自动计算路面渗水系数,测量数据相对准确、客观。本规范附录 D 中规定了使用自动电子渗水仪测试排水沥青路面渗水系数的方法。

6.2.2 排水沥青混合料室内制作工艺应按规定的温度、步骤进行操作,拌和时间不少于 3min,以保证混合料拌和均匀、所有矿料颗粒全部裹覆沥青结合料为宜。

6.2.3 排水沥青混合料的设计级配范围应符合表 6.2.3 的规定。

表 6.2.3 排水沥青混合料级配范围

筛孔尺寸(mm)	通过量(%)				
	PA-05	PA-10	PA-13	PA-16	PA-20
26.5	—	—	—	—	100
19.0	—	—	—	100	95~100
16.0	—	—	100	90~100	—
13.2	—	100	90~100	60~90	64~84
9.5	100	80~100	40~71	40~60	—
4.75	15~50	8~28	10~30	10~26	10~31
2.36	8~30	5~15	9~20	9~20	10~20
1.18	5~12	5~12	7~17	7~17	7~17
0.60	4~10	4~10	6~14	6~14	6~14
0.30	4~8	4~9	5~12	5~11	5~11
0.15	4~7	4~8	4~9	4~9	4~9
0.075	3~6	3~6	3~6	3~5	3~5

条文说明

(1)在选择排水沥青混合料最大粒径时,若希望提高噪声降低效果,则最大粒径取较小值,这是因为在空隙率相同的情况下,集料最大粒径较小,可以降低由轮胎振动引起的噪声。

(2)公称最大粒径越小,集料的比表面积越大,沥青用量一般也较大。

6.3 目标配合比设计

6.3.1 排水沥青混合料目标配合比设计应符合下列规定:
1 首先应确定目标空隙率。
2 工程设计级配应符合表 6.2.3 规定的范围。
3 应在级配范围内试配 3 组不同关键筛孔通过率的矿料级配作为初选级配。

条文说明

根据我国工程经验，排水沥青混合料目标空隙率一般为20%左右（以真空密封法测定）。在冬寒区或大陆坡的情况下，排水沥青混合料的目标空隙率取为20%以下。另外，为取得更好的排水、降噪等效果，也有将目标空隙率取为20%以上的工程实例。

国内外实践经验表明，对于PA-13排水沥青混合料，主要通过调整和控制2.36mm筛孔的通过率获得预期的目标空隙率。通常以2.36mm筛孔通过率的级配中值，以及级配中值±3%作为三种初选级配。对于PA-05，主要调整和控制1.18mm筛孔的通过率；对于PA-16和PA-20，则主要调整和控制4.75mm筛孔的通过率。

6.3.2 配合比设计时，宜根据14μm沥青膜厚度和集料表面积预估沥青用量，其计算模型为：

$$估算沥青用量 = 假定膜厚 \times 集料表面积 \quad (6.3.2\text{-}1)$$

$$集料表面积 = (0.41a + 0.41b + 0.82c + 1.64d + 2.87e + 6.14f + 12.29g + 32.77h)/10^3$$
$$(6.3.2\text{-}2)$$

式中：a、b、c、d、e、f、g、h——分别为19mm、4.75mm、2.36mm、1.18mm、0.6mm、0.3mm、0.15mm和0.075mm筛孔的通过率（%）。

条文说明

排水沥青路面通过增加集料表面沥青膜厚度提高多空隙结构的强度、抗飞散性、抗疲劳性、耐长期老化等性能。从保证混合料物理性能的角度考虑，将沥青薄膜厚度设定为许可范围内的最大值，并以此决定设计沥青用量。我国排水沥青路面工程实践一般采用12～14μm沥青膜厚度，过小则会影响排水沥青路面的抗飞散性能。估算方法参考日本的《排水性铺装技术指针（案）》（1996）和现行《公路沥青路面施工技术规范》（JTG F40）制定。

6.3.3 应按照初选配合比分别成型马歇尔试件，每组试件不少于4个，检验空隙率和马歇尔稳定度。空隙率和马歇尔稳定度应符合表6.2.1的技术要求。

6.3.4 应在混合料空隙率与目标空隙率的差值为±1%的范围内，优选1组接近目标空隙率的级配，按±0.5%、±1%变化沥青用量，分别进行析漏试验、飞散试验，将试验结果绘制成图，以飞散试验结果拐点为最小沥青用量（OAC_1），以析漏试验拐点为最大沥青用量（OAC_2），在OAC_1~OAC_2范围内，再参照马歇尔试验的结果，选择尽量高的沥青用量作为最佳沥青用量。

条文说明

（1）如不能达到目标空隙率，需变化2.36mm筛孔的通过率（对于PA-05，需变化1.18mm筛孔的通过率；对于PA-16和PA-20，需变化4.75mm筛孔的通过率），并有必要对粗集料等材料选择重新进行评价。

（2）根据日本规范和经验，排水沥青混合料析漏试验，一般情况下以沥青含量为4.0%~6.0%，按0.5%的级差取5个量别的沥青用量进行试验，求出各自的析漏量。如果在4.0%~6.0%的范围内在析漏量曲线上的拐点不易判定，则在4.0%以下及6.0%以上任以0.5%的级差追加试验点，直至拐点能确认为止。

（3）最佳沥青用量原则上为通过析漏试验所得的最大沥青用量。但当以该沥青用量制作试件能观察到沥青渗出现象时，则在由析漏试验求取的最大沥青用量与飞散试验求取的最小沥青用量之间择以适宜的用量作为最佳沥青含量，如图6-1所示。

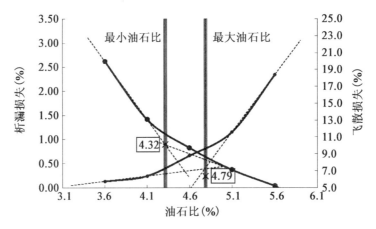

图6-1 最佳沥青用量确定示意图

（4）混合料飞散试验原则上不用于最佳沥青用量的确定，主要是用于获得为保持混合料集料的稳定而需要的最小沥青用量。

6.3.5 应以确定的矿料级配和最佳沥青用量拌制沥青混合料，分别对表6.2.1中各技术指标进行试验验证，各项指标应符合表6.2.1的技术要求。不符合要求时，应调整沥青用量或级配，重新拌和沥青混合料进行试验，直至符合要求为止。

6.3.6 在各项指标均符合要求的情况下，应出具目标配合比设计报告。

6.4 生产配合比设计

6.4.1 应按目标配合比确定的各冷料仓供料比例上料，对二次筛分后的各热料仓取样进行筛分，根据热料仓筛分结果合成级配曲线，以冷料、热料供料大体均衡以及合成级配尽量接近目标配合比级配为原则，确定各热料仓最终的配合比。

6.4.2 应取目标配合比设计的最佳沥青用量、最佳沥青用量±0.3%等三个沥青用量进行混合料室内拌制和拌和机试拌，并进行室内试验以及拌和机取样试验。混合料性能指标应符合表6.2.1的要求，混合料空隙率与目标配合比空隙率的差值不应超过±1%。

6.4.3 应根据试验结果，选择各项混合料指标满足要求、飞散指标较低的沥青用量为最佳沥青用量。确定热料仓的比例和生产配合比的最佳沥青用量后，应出具生产配合比的设计报告。

6.5 生产配合比验证

6.5.1 应按确定的生产配合比生产混合料铺筑试验段，试验段长度不宜小于300m。

6.5.2 应取现场拌和及摊铺的混合料进行性能试验，混合料性能指标应符合表6.2.1的要求，并验证生产配合比与目标配合比混合料性能的一致性。根据抽提、筛分试验结果分析拌和机对配合比控制的准确性。

6.5.3 对铺筑的试验段应进行有关施工指标的测试，检验排水沥青路面空隙率的均匀性。存在明显缺陷时，应找出原因，进行必要的工艺调整。

条文说明

施工指标的测试包括厚度、压实度、空隙率和渗水系数等。排水沥青路面空隙率的均匀性采用同一断面的渗水性能或者同一断面取芯的性能指标进行判定。

6.5.4 应根据试验段试验检测数据分析生产配合比的适用情况，进一步复核调整工艺参数、施工机械的操作方式以及施工缝的处理方式等。

6.5.5 试验段的质量检查频度应比正常施工时增加1倍。试铺结束后，施工单位应提交试验段总结报告。

7 排水沥青路面施工

7.1 一般规定

7.1.1 排水沥青路面施工时，应对施工过程进行严格控制，保证混合料拌和、摊铺及压实的质量。

7.1.2 排水沥青路面施工宜在公路附属设施及土建工程施工完成后进行。

7.1.3 排水沥青路面不得在雨、雪天气时施工，施工的环境最低温度不应低于10℃。

7.2 施工准备

7.2.1 沥青在储运、使用及存放过程中应有良好的防水措施。成品高黏度改性沥青储存应定时进行搅拌，宜采用自动搅拌控制装置。

7.2.2 高黏度添加剂材料应注意防水、防潮保管。排水沥青混合料集料储存场地应硬化。集料应搭棚防水、防扬尘。

7.2.3 施工前应对沥青拌和楼、摊铺机、压路机等各种施工机械和设备进行调试，对机械设备的配套情况、技术性能、传感器计量精度等进行检查、标定。

7.2.4 拌和机除尘的回收粉应采取防污染措施。

7.2.5 铺筑排水沥青路面前，应检查下承层的质量。对不符合密实性、渗水性以及离析问题等设计质量要求的下承层应进行处理。

7.2.6 旧路改造铺筑排水沥青路面前，应对旧路面车辙、裂缝等损坏进行处治。应保证旧路横坡坡度。

7.3 防水黏结层的施工

7.3.1 防水黏结层施工前应准备相关的设备，包括沥青洒布车、清扫机和加热设备等。

7.3.2 防水黏结层施工前，应采用改性乳化沥青等材料对横缝、纵缝、离析处和桥面伸缩缝等下承层薄弱部位进行修补。防水黏结层施工后应检测其防水效果，以不渗水为合格。

7.3.3 应采用沥青洒布车进行防水黏结层施工，根据材料的洒布温度，以预设的洒布量进行喷洒施工。

7.3.4 施工前应巡查施工环境及工作面情况。气温低于10℃、风力较大以及雨后路表潮湿等情况下不得施工。

7.3.5 防水黏结层施工结束后，在混合料铺筑前严禁行人和车辆通行。

7.4 混合料的拌制

7.4.1 排水沥青混合料拌和设备宜采用间隙式沥青混合料拌和机。全部生产过程应由计算机自动控制。

7.4.2 排水沥青混合料生产温度宜按表7.4.2的要求控制。出料温度低于165℃或高于195℃的沥青混合料必须废弃处理。

表7.4.2 排水沥青混合料生产温度控制（℃）

类型	成品高黏度改性沥青加热温度	改性沥青加热温度	基质沥青加热温度	矿料温度	混合料出料温度
排水沥青混合料（湿法）	170~180	—	—	185~210	170~185
排水沥青混合料（干法）	—	160~170	140~150		

7.4.3 排水沥青混合料拌和时间应根据具体情况经试拌确定，以混合料拌和均匀、所有矿料颗粒全部裹覆沥青结合料为度，无花白料、无结团成块或严重的粗细集料分离现象。间歇式拌和机每盘的生产周期不宜少于60s，其中干拌时间不应少于10s。

7.4.4 排水沥青混合料宜随拌随用，不宜长时间储存。

7.4.5 采用直投式复合改性高黏度沥青时，高黏度添加剂宜在粗集料投入的同时加入。干拌时间宜适当延长。高黏度添加剂宜采用自动装置投放，也可采用带有监控装置的人工投放。

条文说明

人工投放要根据现场情况采取鸣笛、视频监控等预防措施，确保混合料拌和过程中不发生漏投、多投、错投、投放时间错乱等问题。此外，要对投放人员采取必要的安全保护措施。

7.4.6 排水沥青混合料添加纤维稳定剂时，纤维必须在混合料拌和过程中充分分散均匀。当采用人工投放时，应将纤维充分分散后采用小包包装。

7.5 混合料的运输

7.5.1 运料车应采取保温、防雨及防污染措施。

条文说明

排水沥青混合料具有较高的空隙率，热量散发较快，因此在混合料运输过程中应当落实好保温措施。

7.5.2 运料车车厢壁面和底板应涂薄层隔离剂。装料前，运料车不得有余液积聚在车厢底板。隔离剂不宜采用柴油等对沥青溶解性较强的油类。

7.5.3 运料车辆不得污染已开放交通的排水沥青路面。运料车严禁在防水黏结层或黏层上紧急制动或掉头。一旦出现粘轮时，可适当在运料车轮胎上喷洒隔离剂。

7.5.4 排水沥青混合料到场温度应由专人逐车检测，到场温度不得低于160℃。

7.6 混合料的摊铺

7.6.1 排水沥青混合料摊铺可采用一台摊铺机全幅摊铺或多台联合摊铺。宜采用非伸缩式摊铺机，通过铺筑试验段明确摊铺机夯锤和振动设置参数；摊铺机横向螺旋前端宜加装防离析挡板。

条文说明

在摊铺机横向螺旋前端加装挡板，可以防止排水沥青混合料由于摊铺不均匀导致粗集料铺设在该结构层的底部，减少混合料与黏层间的黏结面积，降低层间黏结强度，影响路面使用寿命。

7.6.2 排水沥青混合料摊铺温度不宜低于155℃。

7.6.3 摊铺前应根据松铺厚度、纵横坡度调整好摊铺机。摊铺机开始摊铺前，应将熨平板预热至110℃以上，摊铺过程中应开动熨平板的夯锤。

7.6.4 采用联合摊铺方式时，两台摊铺机前后行走间距宜为5～10m，搭接宽度应控制在50～100mm。开始摊铺后，必须随时检查两台摊铺机对接横坡。接缝位置应避开车道轮迹带。

7.6.5 摊铺机必须缓慢、均匀、连续不间断地摊铺。速度宜控制在2～3m/min，弯道等特殊路段宜降低至1～2m/min。

7.6.6 在路面狭窄部分、平曲线半径过小的匝道或加宽部分，可采用小型摊铺机摊铺。中央开口带等小规模工程，可采用人工摊铺。

7.7 混合料的压实及成型

7.7.1 应按初压、复压、终压三个阶段进行。压路机宜从外侧向中心碾压，由低处向高处碾压，轮迹始终与路基中线平行，相邻碾压带重叠50～100mm。

7.7.2 初压与复压宜采用11～13t钢轮压路机，终压宜采用20t以上的胶轮压路机。

条文说明

胶轮碾压可以比较好地防止排水沥青表面纹理过于粗糙的问题，在一定程度上有助于提高路面抗飞散性能和降低轮胎振动引起的噪声。

7.7.3 初压应在混合料摊铺后紧跟进行，压实温度宜控制在150～165℃，不得产生推移、开裂，初压宜为静压1～2遍。初压后应观察平整度、路拱，发现问题及时作适当调整。

7.7.4 复压宜采用与初压相同的双钢轮压路机，紧接初压进行，静压2～4遍。

7.7.5 终压宜在表面温度为 80～100℃时进行。终压可采用胶轮压路机压实 1～2 遍。为防止较高温度下胶轮压路机粘轮，宜采用隔离剂喷淋装置。

7.7.6 压路机行驶速度宜保持均匀一致。压路机不得在未碾压成型的混合料和刚碾压成型的路面上转向，也不得停留在高于80℃且已压实成型的路面上。压路机在操作或静止时，应采取有效措施防止油料、润滑脂或其他杂质落于路面。

7.7.7 特殊位置应采用改性乳化沥青洒布 1～2 遍进行补强，洒布量应为 0.10～0.15kg/m²（以纯沥青计）。

条文说明

　　排水沥青路面碾压过程中，由于碾压遍数超出预定遍数或软石颗粒裸露于路表，钢轮碾压后造成粗集料表面沥青膜脱落，应及时补洒乳化沥青。

7.8 双层排水沥青路面施工

7.8.1 双层排水沥青路面的施工过程及控制指标应与上述单层排水沥青路面相同。

条文说明

　　我国双层排水沥青路面常规的施工方式是逐层施工，即先施工下层，洒黏层油，然后施工上层。德国、荷兰、日本等国家也采用双层摊铺机进行双层排水沥青路面的施工，即将两层排水沥青混合料同时摊铺碾压。双层摊铺、碾压缩短施工时间，层间黏结好且不影响路面的渗透性能。

7.8.2 对于双层排水沥青路面的上、下排水功能层之间设置黏层的情况，应在下层排水功能层表面全幅洒布黏层材料。

7.8.3 将改性乳化沥青用作黏层材料时，宜采用智能洒布车喷洒，参照本规范第7.3.3 条的规定进行施工。应待黏层材料完全破乳后，进行上层排水功能层的施工。

7.9 接缝

7.9.1 横向接缝宜采用平接缝，摊铺前宜采用接缝专用加热器对接缝面进行加热，使新铺路面与已铺路面密切结合。采用"冷＋热"平接缝时，摊铺前应对周边黏结物或铣刨的四壁人工涂刷改性乳化沥青（残留物大于60%）2～3 遍。摊铺后应充分压实，使连接平顺。

条文说明

采用黏结材料处理接缝面可能导致接缝面的空隙堵塞，影响排水功能，可以采用减少黏层材料涂抹量、使用特种乳化沥青类的材料、用钢刷处理等方法减缓对排水功能的影响。

7.9.2 纵向接缝应避开车道的轮迹带位置，与下承层纵向接缝错开 20cm 以上。新建道路纵向接缝应采用热接缝。旧路应用排水沥青路面时，宜采用热接缝，条件不允许时，可采用"冷+热"方式。采用"冷+热"接缝时，摊铺前应对接缝面进行处理，涂刷改性乳化沥青或其他黏结材料（残留物大于60%）2~3 遍。排水沥青面层施工后，纵向接缝表面可喷洒改性乳化沥青或其他黏结材料进行补强。

条文说明

旧路面单车道施工采用"冷+热"接缝时，对接缝面进行处理主要是为了保证接缝处空隙的畅通，防止产生横向阻水。

7.9.3 在横向施工缝开始施工时，必须控制好平整度，不宜人工补料调整平整度，同时应及时碾压，防止料温损失无法压实。

7.10 交通控制

7.10.1 排水沥青路面施工结束后，应封闭交通24h以上，方允许开放。

7.10.2 紧急情况下施工车辆必须通行时，应待路表温度降低至50℃以下时方允许通行，并严禁车辆紧急制动或急转。

7.10.3 施工车辆通行时，应保证轮胎洁净；人员通行时，应防止泥土污染。

7.11 透水标线施工

7.11.1 透水标线材料在容器中状态应无结块、结皮现象，易于搅拌。

7.11.2 透水标线材料宜根据施工要求及当地气候条件进行适当的调整。

7.11.3 标线材料固化后应无斑点、起泡、粘胎等现象，涂膜颜色、外观应与样板规定一致。

7.11.4 透水标线干燥时间不应大于35min。

7.11.5 其他涉及的标线施工内容应符合现行《公路交通标志和标线设置规范》（JTG D82）的有关规定。

8 施工质量管理与检查

8.1 一般规定

8.1.1 工程施工质量管理应符合本规范规定的技术要求。

8.1.2 排水沥青路面施工应采用动态质量管理，强化事前和过程控制。

条文说明

施工前确定好材料、设备、工艺等重要技术方案是实现有序化施工的关键，事前控制是保证工程质量良好的重要环节之一。施工方案既要强调技术的先进性，也要强调实用性和可靠性。质量管理不仅要加强事后责任追究，更要强调事前控制和事中控制，尽量避免和减少质量不合格所引起的返工问题。

8.1.3 宜引入信息化手段进行关键施工指标及过程的自动采集和记录。

条文说明

近年来，为了提升工程质量及管理水平，采用各种信息化手段监测施工过程的重要质量数据得到了重视和推广，如所谓的拌和站"黑匣子"，对沥青混合料生产过程中油石比、级配组成、温度等参数进行监测和预警，对路面压实中的压实密度、温度、压实遍数、压实均匀性等进行过程监测，这些手段和方法对提高、保证施工质量的稳定性起到了较好的效果。排水沥青路面对施工质量的均匀性要求还要高一些，因此，有条件时，可以利用这些信息化手段进行关键施工指标的监测和管理。

8.1.4 所有质量检验和管理的原始记录、试验检测及计算数据、汇总表格，必须如实记录和保存，严禁编造、随意修改质量管理的原始记录和数据。

8.2 施工前的材料与设备检查

8.2.1 对拟定使用的各种材料应提前检查来源和质量。对于沥青、集料等重要材料，供货单位必须提交检验报告。宜检查集料生产单位的生产条件、加工机械、覆盖层的清理情况。

8.2.2 各种材料必须在施工前以"批"为单位进行检查，不符合本规范技术要求的材料不得进场。各种材料进场的质量检查项目与频度应参照表8.2.2执行。

表8.2.2 各种材料进场质量检查项目与频度

材料	进场时检验项目/频度，每运料车	批次检查项目/频度，每批次
粗集料	1. 目测母材洁净程度 2. 目测软弱颗粒是否超标 3. 目测针片状 4. 粒径规格是否变异	每批不大于3 000t，按照表5.3.1全套检测
细集料	1. 目测洁净程度 2. 含泥量（<0.075mm含量）	每批不大于2 000t，按照表5.4.1和表5.4.3全套检测
填料	1. 细度 2. 加热安定性 3. 亲水系数 4. 有效钙加氧化镁含量（消石灰） 5. 密度检测	每批不大于1 000t，按照表5.5.1全套检测
道路石油沥青	1. 针入度 2. 软化点 3. 延度（10℃） 4. 残留延度（10℃） 5. 高黏度添加剂配伍性（毛细管动力黏度）	每批不大于1 000t，按照现行《公路沥青路面施工技术规范》（JTG F40）执行检测
改性沥青	1. 针入度 2. 软化点 3. 延度（5℃） 4. 残留延度（5℃） 5. 布氏黏度（135℃） 6. 溶解度	每批不大于1 000t，按照现行《公路沥青路面施工技术规范》（JTG F40）执行检测
高黏度改性沥青	1. 针入度 2. 软化点 3. 延度（5℃） 4. 残留延度（5℃） 5. 布氏黏度（170℃） 6. 动力黏度（60℃） 7. 溶解度	每批不大于1 000t，按照表5.2.2全套检测

续表 8.2.2

材料	进场时检验项目/频度,每运料车	批次检查项目/频度,每批次
高黏度添加剂	每批不大于20t,按照表5.2.4全套检测	
改性乳化沥青	1. 蒸发残留物含量 2. 蒸发残留物针入度 3. 蒸发残留物软化点 4. 蒸发残留物延度	每临时加工罐或运料车不大于1 000t,按照表5.7.1全套检测
纤维稳定剂	每批不大于20t,按照表5.6.1-1、表5.6.1-2全套检测	
双组分标线涂料	每批不大于20t,按照现行《路面标线涂料》(JT/T 280)执行检测	

8.2.3 进场的各种材料的来源、品种、规格型号、质量应与拟定的材料及样品一致。

8.2.4 施工前应对沥青拌和楼、摊铺机、压路机等各种施工机械和设备进行调试,对机械设备的配套情况、技术性能、传感器计量精度等进行检查、标定。

8.2.5 正式开工前,各种原材料的试验结果,以及据此进行的目标配合比设计和生产配合比设计结果,应在规定的期限内提出正式报告,待取得正式认可后,方可使用。

8.3 施工过程中的质量管理与检查

8.3.1 排水沥青混合料各材料进场和生产过程中,必须按表8.3.1规定的检查项目与频度,对各种原材料进行抽样试验,其质量应符合本规范规定的技术要求。

表 8.3.1 施工过程中各种材料质量检查的项目与频度

材料	项 目	检 查 频 度	试验规程规定的平行试验次数或一次试验的试样数
粗集料	外观(石料品种、含泥量等)	随时	—
	针片状颗粒含量	随时	2~3
	颗粒组成(筛分)	随时	2
	压碎值	必要时	2
	磨光值	必要时	4
	洛杉矶磨耗值	必要时	2
	含水率	必要时	2
	软石含量	每天1次	2
	高温压碎值	每天1次	2
	表观相对密度	每天1次	2
	毛体积相对密度	每天1次	2

续表 8.3.1

材料	项　目	检 查 频 度	试验规程规定的平行试验次数或一次试验的试样数
细集料	颗粒组成（筛分）	随时	2
	砂当量	必要时	2
	含水率	必要时	2
	松方密度	必要时	2
	亚甲蓝值	每天1次	2
填料	外观	随时	—
	<0.075mm 含量	必要时	2
	含水率	必要时	2
	加热安定性	每天1次	2
	粒度范围	每天1次	2
道路石油沥青	针入度	每2~3天1次	3
	软化点	每2~3天1次	2
	延度	每2~3天1次	3
	含蜡量	必要时	2~3
改性沥青	针入度	每天1次	3
	软化点	每天1次	2
	离析试验（对成品改性沥青）	每周1次	2
	低温延度	必要时	3
	弹性恢复	必要时	3
	显微镜观察（对现场改性沥青）	随时	—
高黏度改性沥青	针入度	每天1次	2
	软化点（$T_{R\&B}$）	每天1次	2
	延度（5℃，5cm/min）	每天1次	2
	溶解度	每天1次	2
	布氏黏度（170℃）	每天1次	2
	动力黏度	每天1次	2
	残留延度（5℃）	每天1次	2
高黏度添加剂	单粒颗粒质量	每天1次	2
	熔融指数	每天1次	2
改性乳化沥青	蒸发残留物含量	每2~3天1次	2
	蒸发残留物针入度	每2~3天1次	3
	蒸发残留物软化点	每2~3天1次	2
	蒸发残留物延度	必要时	3

注："随时"是指需要经常检查的项目，其检查频度可根据材料来源及质量波动情况确定；"必要时"是指施工中任何一方对其质量发生怀疑，提出需要检查时，或是根据需要商定的检查频度。

8.3.2 排水沥青路面防水黏结层施工后，应按表8.3.2规定的项目与频度进行防水黏结层的质量检查。

表8.3.2 防水黏结层施工后检查项目与频度

项 目	检查频度	质量要求	试验方法
外观	随时	材料洒布均匀，无漏涂，无堆积，达到充分渗透；排水沥青路面摊铺前表面应清洁，无杂物、灰尘、污染等	目测
洒布量	每台班检测1次	设计洒布量	T 0982
现场渗水系数	每300m 1次	≤0ml/min	T 0971

8.3.3 排水沥青混合料生产过程中，应按表8.3.3规定的项目与频度进行排水沥青混合料的质量检查。

表8.3.3 排水沥青混合料检查项目、频度和质量要求

项目	检查频度	质量要求	试验方法
外观	随时	均匀、无花白料、无析漏	目测
成品温度	逐车检测评定	符合本规范规定	T 0981
高黏度添加剂计量	每天开工前2次检测评定	设计值±1%	—
	每天或每台班总量检测评定	设计值±0.5%	—
级配	逐盘检查，每台拌和机每日1~2次	公称最大粒径，0.075mm：±2%，关键筛孔：±3%，其他筛孔：±4%	T 0725 抽提筛分与标准级配比较的差
沥青用量（油石比）	每台拌和机每日1~2次	设计值±0.2%	T 0725
析漏	每台拌和机每日1次	≤0.8%	T 0732
马歇尔稳定度	每台拌和机每日1~2次	≥5.0kN	T 0709
空隙率	每台拌和机每日1~2次	设计值±2%	T 0708 中的体积法
		设计值±2%	附录B
浸水残留稳定度	每台拌和机每2日1次	≥85%	T 0729
动稳定度	每台拌和机每2日1次	≥5 000次/mm	T 0719
标准飞散损失	每台拌和机每2日1次	≤15%	T 0733
理论最大密度	每台拌和机每2日1次	设计值±0.01g/cm³	T 0711 计算法与实测法比较的差
热料仓筛分结果	每台拌和机每2日1次	实际测定	—
总量检验	每台拌和机每日1次	油石比±0.1%	JTG F40—2004 附录G总量检验

注：1. 拌和楼要及时打印每盘料及其总量的数据，辅助进行沥青用量和级配组成检验。
2. 超温的沥青混合料必须废弃，并予以书面记录。
3. 排水沥青混合料密度、空隙率测试宜优先选择真空密封法。

8.3.4 排水沥青路面铺筑过程中，检查的内容、频度、质量要求应符合表 8.3.4 的规定。

表 8.3.4 排水沥青路面检查项目、频度和质量要求

项目		检查频度	质量要求	试验方法
外观		随时	表面平整密实，不得有明显轮迹、裂缝、推移、油汀、油包等缺陷，且无明显坑槽	目测
接缝		随时	紧密平整、顺直无跳车	目测
		逐条检测评定	3mm	T 0931
施工温度	摊铺温度	逐车检测评定	符合本规范要求	T 0981
	碾压温度	随时	符合本规范要求	T 0981
厚度	上面层	每 2 000m² 1 点评定	设计值的 -10%	T 0912
压实度		每 2 000m² 检查 1 组，逐个试件评定并计算平均值	试验室标准密度的 98%	T 0924 T 0922
平整度（标准差）		连续测定	1.5m/km	T 0932
纵断面高程		检测每个断面	±10mm	T 0911
横坡度		检测每个断面	±0.3%	T 0911
渗水系数		每公里不少于 5 处，每处 3 点取平均值	≥5 000mL/min，合格率不小于 90%	附录 D
空隙率		每 2 000m² 检查 1 组，逐个试件评定并计算平均值	设计值 ±3%，合格率不小于 90%	T 0708 的体积法
			设计值 ±3%，合格率不小于 90%	附录 B
摆值（BPN）		每 200m 1 处	符合设计要求	T 0964

注：1. 内部温度测试以玻璃温度计和热电偶温度计插入混合料内部测试为准，表面温度测量可使用红外测温仪，有条件时使用红外热像仪。
2. 本规范只对上面层厚度做出规定，其他层次厚度和总厚度要求应符合现行《公路沥青路面施工技术规范》（JTG F40）的要求。
3. 排水沥青混合料标准密度可采用旋转压实仪测得，空隙率测试宜优先选择真空密封法。
4. 压实度测量时必须将钻孔取芯的芯样彻底干燥，可使用专用的真空干燥烘箱。
5. 渗水系数试验和试验设备要求应符合本规范附录 D 的规定，不得使用用于密级配沥青路面测试的试验设备。
6. 施工期间的排水沥青路面摩擦系数可采用摆值。

条文说明

（1）国内外研究表明，排水沥青混合料由于粗集料多、空隙率大，混合料在运输、摊铺和压实过程中极易波动和离析，温度均匀性会显著影响排水沥青路面的质量和排水效率的波动，因此施工中需要严格按照规定频度和方法监测温度情况。实践表明，内部温度测量使用热电偶温度计方便而准确，表面温度测量使用红外测温仪或红外热像仪，

所有测温设备需要经过标定后方可使用。温度测试结果需要规范地记录和存储，作为第一手原始资料保存。

（2）排水沥青混合料的粗集料含量非常高，在85%左右，使用马歇尔击实仪成型试件的密度作为标准密度常常会产生一定问题，如集料在冲击下碎裂会造成标准密度波动较大，尤其是压实度常出现超百的问题，说明室内的击实方式和击实功与现场的压实工艺情况有一定差别，考虑使用旋转压实成型试件测试的标准密度对改进上述问题有一定帮助作用。

（3）为了测试施工后路面的压实度，需要测试钻取芯样的密度，而排水沥青混合料由于空隙率大，芯样中的残留水分多，彻底除去水分是比较困难的。用电风扇吹干往往需要24h以上，但又不能将芯样放置于100℃以上烘箱中烘干。这种情况下可以采用真空负压烘箱，一般在60℃左右干燥半个小时，能够彻底清除试件中的水分。

（4）现有渗水试验测试设备和部分测试条件参数主要适用于密级配路面，而排水沥青路面的渗水系数很大，500mL的水会在3~4s内渗入路面，利用现有设备不能得到准确和有效的测试结果，因此本规范附录D给出了相应的测试要求和方法调整。

（5）摆式仪是一种小型测试设备，可以很方便地检查前一天铺筑路面的摩擦系数，但摆式仪的测试条件只是对应于车辆行驶速度在20~30km/h的情况，与高速公路行驶车辆的实际情况有很大区别。排水沥青路面抗滑性能的优势在于高速行车状态，或者是紧急制动等滑动摩擦状态，因此根据已有研究，提出了基于动态旋转式摩擦系数测定仪（DF仪）的动态摩擦系数指标和要求，湿润区不小于0.4，潮湿区不小于0.45。

8.3.5 常规热熔标线与透水标线施工过程应满足表8.3.5的检查要求。

表8.3.5 施工过程检查项目、频度与质量要求

项次	检查项目		规定值或允许偏差	试验方法/频度
1	标线线段长度（mm）	6 000	±30	尺量：每1km测3处，每处测3个线段
		4 000	±20	
		3 000	±15	
		2 000	±10	
		1 000	±10	
2	标线宽度（mm）		±5.0	尺量：每1km测3处，每处测3点
3	标线厚度（干膜，mm）	溶剂型	不小于设计值	标线厚度测量仪或卡尺：每1km测3处，每处测6点
		热熔型	+0.50，-0.10	
		水性	不小于设计值	
		双组分	不小于设计值	
		预成型标线带	不小于设计值	
		突起型 突起高度	不小于设计值	
		突起型 突起厚度	不小于设计值	

续表8.3.5

项次	检查项目			规定值或允许偏差	试验方法/频度
4	标线横向偏位（mm）			≤30	尺量：每1km测3处，每处测3个线段
5	标线纵向间距（mm）	9 000		+45	尺量：每1km测3处，每处测3个线段
		6 000		+30	
		4 000		+20	
		3 000		+15	
6	逆反射亮度系数RL（mcd·m^{-2}·lx^{-1}）	非雨夜反光标线	Ⅰ级 白色	≥150	标线逆反射测试仪：每1km测3处，每处测9点
			Ⅰ级 黄色	≥100	
			Ⅱ级 白色	≥250	
			Ⅱ级 黄色	≥125	
			Ⅲ级 白色	≥350	
			Ⅲ级 黄色	≥150	
			Ⅳ级 白色	≥450	
			Ⅳ级 黄色	≥175	
		雨夜反光标线	干燥 白色	≥350	干湿表面逆反射标线测试仪：每1km测3处，每处测9点
			干燥 黄色	≥200	
			潮湿 白色	≥175	
			潮湿 黄色	≥100	
			连续降雨 白色	≥75	
			连续降雨 黄色	≥75	
7	渗水系数			≥3 600mL/min	T 0730

9 交工检查与验收

9.1 一般规定

9.1.1 排水沥青面层及标线在交工阶段的各项质量指标和检查频度应符合现行《公路沥青路面施工技术规范》(JTG F40)的规定。

9.1.2 质量保证的期限应按国家规定或招标文件要求确定。

9.2 交工阶段排水沥青路面的质量检查与验收

9.2.1 排水沥青面层在交工阶段的各项质量指标和检查频度应符合表9.2.1的规定。渗水系数合格率要求应不小于90%，空隙率合格率要求应不小于85%。

表9.2.1 排水沥青面层交工检查项目、频度与质量要求

检查项目		检查频度	质量要求		试验方法
压实度		每200m 1处	代表值	试验室标准密度的98%	JTG F80/1—2017附录B检查
			极值	比代表值放宽1%（每km）或2%（全部）	
空隙率		每200m 1处	设计值±3%		T 0708的体积法、附录B
平整度	标准差 σ	全线连续按每100m计算	1.2mm		T 0932
	IRI	全线连续按每100m计算	2.0m/km		T 0933
渗水系数		每200m 1处，每处3点取平均值	≥4 500mL/min		附录D
抗滑	摆式摩擦系数（BPN）	每200m 1处	符合设计对交工验收的要求		T 0964
	横向力系数（SFC）	全线连续	符合设计对交工验收的要求		T 0965
厚度	代表值	每200m 1处	上面层：设计值的 −10%		T 0912
	极值		上面层：设计值的 −20%		
中线偏位		每1km 20个断面	±20mm		T 0911
纵断面高程		每1km 20个断面	±15mm		T 0911
横坡度		每1km 20个断面	±0.3%		T 0911

条文说明

排水沥青路面在国内外广泛使用，同时国内外大量试验测试和研究都表明排水沥青路面具有较高的抗滑性能。但在摆式仪测量其路面摩擦系数时，与常规的密实型路面相比，橡胶摩擦片与路面接触距离因为排水沥青路面的多空隙结构会减短，因此有可能造成排水沥青路面测量的摆值会偏低。对于使用横向力系数测试车测试横向力系数（SFC）值，也可能出现类似情况，加之排水沥青混合料的油膜较厚，交工阶段还未开放交通，测试的排水沥青路面的摩擦系数反而可能会略低于密级配沥青路面。横向力系数测试时速度较高（摆式仪的测试条件只是对应于车辆行驶速度很低的情况），排水沥青路面的排水效应会使得SFC测试值提高。本规范主编单位曾在江苏、四川等地的排水沥青路面进行试验对比，发现测试速度在45km/h时，SMA路面的SFC值高于排水沥青路面；而测试速度为65km/h时，排水沥青路面的SFC值要高于SMA路面。此外，初步试验表明对于紧急制动等滑动摩擦状态，排水沥青路面会缩短制动距离3~10m，说明排水沥青路面的抗滑性能优势在于高速行驶、湿摩擦和紧急制动等情况。目前由于测试设备、方法和成本等原因，本规范还是采用与常规密级配路面相同的测试条件、参数和方法。

9.3 交工阶段标线的质量检查与验收

9.3.1 标线交工阶段的各项质量指标和检查频度应符合表8.3.5的规定。

附录 A 高黏度添加剂改性沥青的室内制备方法

A.1 适用范围

A.1.1 本方法适用于高黏度添加剂改性沥青的制备。

A.2 试验仪器

A.2.1 电子天平：感量不大于0.1g，量程800~1 000g。

A.2.2 电热鼓风烘箱：200℃，精度±3℃，装有温度控制调节器。

A.2.3 沥青盛样器皿：金属锅或瓷器钳。

A.2.4 高速剪切机：转速1 000~10 000r/min。

A.2.5 其他：玻璃棒。

A.3 方法与步骤

A.3.1 用电子天平称量500g基质沥青试样放于盛样器中，在烘箱中加热至180℃。

A.3.2 称取一定质量的高黏度添加剂，加入沥青中并用玻璃棒搅拌均匀。

A.3.3 使用剪切机按照5 000r/min±200r/min速率对沥青剪切30min，剪切过程中温度维持在180℃±10℃。

A.3.4 关闭剪切机，将制备好的高黏度添加剂改性沥青放入180℃±5℃烘箱中发育30min，完成后立即浇模进行相关试验。

附录 B 排水沥青混合料真空塑封密度试验方法

B.1 适用范围

B.1.1 本方法测定的毛体积相对密度适用于计算排水沥青混合料试件的空隙率、矿料间隙率等各项体积指标。标准温度为25℃±0.5℃。

条文说明

本试验方法参考《公路工程沥青及沥青混合料试验规程》（JTG E20—2011）T 0707条文说明真空密封法（CoreLok）编写。

B.2 仪具与材料技术要求

B.2.1 真空密度测试仪。

B.2.2 真空泵：真空度为101.4kPa，抽气速率应为16~20m³/h。

B.2.3 真空室尺寸：长490mm±10mm、宽425mm±5mm、高180mm±10mm。

B.2.4 密封条：406mm±1mm的自动双金属线密封条。

B.2.5 聚合物密封袋：不透水及密封性能良好、柔软抗穿透，可分别用于直径为10cm、15cm等不同尺寸试样的密封。试验时根据试件尺寸大小选用合适的密封袋。

B.2.6 浸水天平或电子天平：最大称量在3kg以下时，感量不大于0.1g；最大称量在3kg以上时，感量不大于0.5g。应有测量水中重的挂钩。

B.2.7 网篮。

B.2.8 试件悬吊装置：天平下方悬吊网篮及试件的装置，吊线应采用不吸水的细尼龙线绳，并有足够的长度。

B.2.9 水箱：使用洁净水，有水位溢流装置，保持试件和网篮浸入水中后的水位一定。

B.2.10 温度计：量程100℃，分度值0.1℃。

B.2.11 其他：剪刀、秒表、电风扇、电炉或燃气炉等。

B.3 方法与步骤

B.3.1 选择适宜的浸水天平或电子天平，最大称量应满足试件质量的要求。

B.3.2 称取干燥试件的初始质量记作 A。根据选择的天平感量，准确至 0.1g 或 0.5g；当为钻芯法取得的非干燥试件时，应用电风扇吹干12h以上至恒重作为空中质量。

B.3.3 密封试样，根据试件尺寸大小选择合适的密封袋，按照说明书设置密封条加热温度。

B.3.4 打开一个新密封袋，将试件放入密封袋内。此时注意将试件光滑的一面置于底部，密封袋密封处距试件保留不小于25mm的距离。

B.3.5 关闭真空室，启动真空泵，真空表开始转动，到达预定的真空度后，打开减压阀。将密封盖打开，从真空室内小心将密封的试件取出，轻拉密封袋的任何部位，检查密封状态是否良好，如果试件密封不严，应按本规范第B.3.2条的步骤重新开始试验。

B.3.6 将密封试件从真空室内取出，置于天平上快速称重并记录其质量为 B。

B.3.7 将密封试件置于25℃±1℃的水中称质量，应注意将试件及袋子全部浸入水中。注意排除密封袋表面附着的气泡，且密封袋不要接触水箱边，测得水中质量，记为 C。

B.3.8 从水箱中取出密封试件，小心将试件从密封袋中取出，用湿毛巾擦干附着在密封袋上的水分，称取密封袋质量记为 D，同时称取试件的空中质量记为 E，并与初始质量 A 相比。质量变化应满足 -0.08% ~ +0.04%，否则应按本规范第B.3.2条的步骤重新开始试验。

B.4 计算

B.4.1 按式（B.4.1）计算试件毛体积相对密度：

$$\gamma_f = \frac{A}{(B-C)-\left(\dfrac{B-E}{F}\right)} \tag{B.4.1}$$

式中：γ_f——试件毛体积相对密度，无量纲；
  A——干燥试件的质量（g）；
  B——密封试件的质量（g）；
  C——密封试件的水中质量（g）；
  E——密封袋取走后，试件的空中质量（g）；
  F——密封袋相对密度，应采用厂家提供的数据。

B.4.2 按式（B.4.2）计算试件的毛体积密度：

$$\rho_f = \gamma_f \times \rho_w \tag{B.4.2}$$

式中：ρ_f——真空密封法测定的试件毛体积密度（g/cm³）；
  ρ_w——在25℃温度条件下水的密度，取0.9971g/cm³。

B.4.3 按现行《公路工程沥青及沥青混合料试验规程》（JTG E20）T 0705 的方法计算试件的理论最大相对密度及空隙率等各项体积指标。

B.5 报告

B.5.1 试验报告中应注明排水沥青混合料的类型。

附录 C 排水沥青混合料透水系数试验方法

C.1 适用范围

C.1.1 本方法适用于排水沥青混合料透水系数的测试，用以评价常水头下排水沥青混合料的渗水性能，间接反映排水沥青混合料的空隙特征。

条文说明

本试验主要参照日本《铺筑试验法便览》的试验方法，采用常水压透水试验对排水沥青混合料进行透水系数的测定，即在试件两端水头差保持不变的条件下，测试排水沥青混合料在水流连续通过时的透水效率。

C.2 试验仪器

C.2.1 透水系数测定装置根据图 C.2.1 进行定制加工。

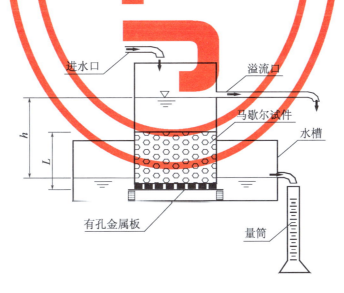

图 C.2.1 透水系数测定装置示意图

C.2.2 量筒：容量大于 500mL。

C.3 方法与步骤

C.3.1 按照配合比成型马歇尔试件，冷却后不脱模，在其上增加一个套筒，套筒和试模之间应密封，不得透水。

C.3.2 打开外部水源向套筒内供水，调节水阀大小，直至溢流孔保持常水位。

C.3.3 进水在常水压条件下向下渗透，渗透通过试件的水用量筒收集，测定5s左右的透水量。

C.3.4 透水系数按式（C.3.4）计算：

$$C_{rw} = \frac{L}{h} \frac{Q}{A(t_2 - t_1)} \tag{C.3.4}$$

式中：C_{rw}——透水系数（cm/s）；

Q——渗透经过试件的水量（cm³）；

t_1、t_2——测试的开始时间与结束时间（s）；

L——试件的高度（cm），标准马歇尔试件取值为6.35cm；

A——试件的横截面面积（cm²），标准马歇尔试件取值为81.03cm²；

h——水头高度（cm）。

C.3.5 每个试件至少应做3次平行试验，对同一种材料制作3块试件测定透水系数，取其平均值作为检测结果。

C.4 报告

C.4.1 报告每次试验的透水系数。

附录 D 排水沥青路面渗水系数测定方法

D.1 适用范围

D.1.1 本方法适用于排水沥青路面渗水系数的自动化、精准测试，用以评价排水沥青路面的渗水、排水性能。

条文说明

　　路面渗水系数试验要依照现行《公路沥青及沥青混合料试验规程》（JTG E20）中 T 0730 和《公路路基路面现场测试规程》（JTG 3450）中 T 0971 进行。根据排水沥青路面的特点和测量的精度要求，本规范对路面渗水试验方法作相应调整。

D.2 试验仪器与技术要求

D.2.1 自动电子式渗水仪（图 D.2.1）：基于液位传感器自动识别水位、自动计时，现行《公路路基路面现场测试规程》（JTG 3450）中 T 0971 方法自动计算渗水系数、输出数据。

D.3 试验方法与步骤

D.3.1 将电子渗水仪置于实际测试路面或室内成型的车辙板试样上，采用封水材料密封渗水仪与路面间的间隙。

D.3.2 盛水量筒注满水，开启测试按钮，测定渗水系数。

D.3.3 每个测试点或每个试件至少应做 3 次平行试验，对同一种路面类型现场选取 3 个试验点或者同一种材料制作 3 块试件测定渗水系数，取其平均值作为检测结果。

D.4 报告

D.4.1 报告每次试验的渗水系数。

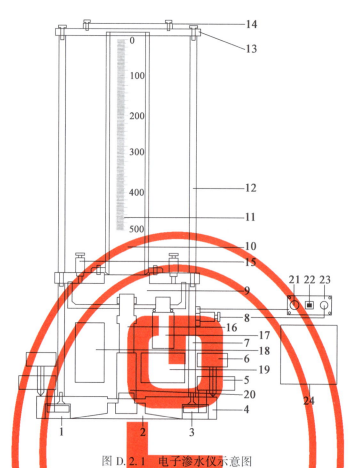

图 D.2.1 电子渗水仪示意图

1-密封材料预置环槽；2-（锥形）腔体；3-密封材料压环；4-底座；5-密封材料压环手柄环；6-手柄环固定锁；7-密封套筒；8-（锥形）腔体排气阀；9-储水池；10-盛水量筒；11-水量刻度标尺；12-盛水量筒防护立柱；13-盛水量筒防护帽；14-盛水量筒防尘罩；15-初始水位调节阀；16-水管；17-水压采集装置；18-电池；19-数据采集卡；20-电磁阀；21-充电插座；22-USB插座；23-电源开关；24-数据记录仪

本规范用词用语说明

1 本规范执行严格程度的用词,采用下列写法:

1) 表示很严格,非这样做不可的用词,正面词采用"必须",反面词采用"严禁";

2) 表示严格,在正常情况下均应这样做的用词,正面词采用"应",反面词采用"不应"或"不得";

3) 表示允许稍有选择,在条件许可时首先应这样做的用词,正面词采用"宜",反面词采用"不宜";

4) 表示有选择,在一定条件下可以这样做的用词,采用"可"。

2 引用标准的用语采用下列写法:

1) 在标准总则中表述与相关标准的关系时,采用"除应符合本规范的规定外,尚应符合国家和行业现行有关标准的规定"。

2) 在标准条文及其他规定中,当引用的标准为国家标准和行业标准时,表述为"应符合《××××××》(×××)的有关规定"。

3) 当引用本标准中的其他规定时,表述为"应符合本规范第×章的有关规定"、"应符合本规范第×.×节的有关规定"、"应符合本规范第×.×.×条的有关规定"或"应按本规范第×.×.×条的有关规定执行"。